Alberta von Puttkammer

Aus Vergangenheiten ein Elsässisches Balladenbuch

Alberta von Puttkammer
Aus Vergangenheiten ein Elsässisches Balladenbuch
ISBN/EAN: 9783742866486
Hergestellt in Europa, USA, Kanada, Australien, Japan
Cover: Foto ©ninafisch / pixelio.de

Manufactured and distributed by brebook publishing software (www.brebook.com)

Alberta von Puttkammer

Aus Vergangenheiten ein Elsässisches Balladenbuch

Inhalt.

	Seite
Zum Geleit	11
Die Feeenbrücken im Breuschthal	17
Nachts am Lügenfeld	25
Die Tannenkirche	31
Der Jüngling von Hüningen	39
Die Gerichtsnacht von Girbaden	45
Das Irrkraut	53
Die Frauen von Ruffach	61
Die versunkene Stadt	69
Die gebannten Helden von Groß-Geroldseck	77
Der singende Knabe im Straßburger Münster	83
Das versunkene Kloster von Rheinau	89
Der rauschende Baum	95
Der Flieger	105
Das weiße Fräulein	111
Barbarossa unter dem Bibelstein	119
Die Glocke von Kestenholz	125
Die Keule in Colmars Stadtwappen	131
Das Weingeigerlein von Brunnstatt	139
Die Jungfrau auf St. Ulrich	147
Kaiser Sigismund und die Straßburger Edelfrauen	155
St. Theobald errettet Thann im Schwedenkrieg	165
Die weißen Gestalten im Elsaß	171
Der Teufelsgeiger am Donon	179
Johannisnacht am Straßburger Münster	185

Zum Geleit.

Zum Geleit.

Straßburg, 1898.

Ein froher Morgen fährt vom Blau ins Land —
Wie Schalen, die von Goldwein überrinnen,
Hängt tropfend Licht am Horizontesrand —

Und purpurn streben Türme vor und Zinnen . . .
Das Leben schlägt die großen Augen auf,
Und regt sich, und beginnt das Kleid zu spinnen,

Das ewig graue, und stickt Blumen drauf.
Und mählich wacht empor Arbeit und Kampf —
Das Streben jagt dahin in heißem Lauf,

Nach Zielen, die noch fern im Nebeldampf;
Die Heiterkeit singt sich ein Lerchenlied,
In welches sich ein keckes Roßgestampf

Und Räderrollen, das durch Gassen flieht,
Volltönig mischt zu einem Lebensklang . . .
Mein Straßburg! wie Dein Dom so frührot sieht

Auf aller Dinge froh und strengen Gang!
Wie sich zu Deinem Fuß gewalt'ge Brücken,
Und Kirchen und Paläste, säulenschlank,

Ein kühnes Städtebild, zum Rhein hinrücken!
Elsaß, ich liebe Dich! mein Heimatland
Wardst Du, in Kampf und Bangen und Entzücken! . . .

Hier hab' ich, was mir je im Geist entbrannte,
Und was mein Herz gerührt zu heil'gem Schlag,
Voll ausgelebt und in die Kunst gebannt! . . .

Denn oft kam, zwischen Mitternacht und Tag,
Die Leuchtende, die mich nicht schlafen läßt,
Zu mir, wenn ich in wachen Träumen lag.

Dann hob sie mich empor und hielt mich fest,
Und führte mich zu nie betret'nem Ort,
Von wo das Licht kommt — nicht wo's stirbt im West.

Und Rosenlaub, das keine Glut verdorrt,
Schwebt' ihr um Haupt und Kleid in herbem Duft, —
Und ich verstand ihr Winken und ihr Wort.

„Ich warte Dein! von allen Höhen ruft,
Aus allen Tiefen Dich ein Chor von Stimmen"
Sprach sie, „die sterben leicht in Morgenluft . . .

Da, wo die Sterne wie Opale glimmen,
An jenen Bergwald komm', dort schläft die Sage —
Wir müssen fliegen, über Höhen klimmen,

Daß wir sie auferwecken noch vor Tage —
Ich bin die Phantasie! rühr' an mein Kleid! —
Zum Flügel wird's Dir, daß ich hoch Dich trage . . ."

Da kamen wir an einen Ort, wo Zeit
Mit fremden Maßen mißt, an einen Bronnen,
Der ewig rann, und rinnt in Ewigkeit.

Und Licht lag dort, nicht siegend wie von Sonnen,
Nicht wechselnd bunt wie Tag, nicht welk wie Tod;
Erdfarben, wie aus Mitternacht genommen,

Und doch wie von geheimem Leben rot . . .
Durchsichtig ward die Welt mir tief vom Grund,
Bis wo der Sterne heil'ger Reigen loht . . .

Da hob ein kindlich Weib sich aus dem Rund;
Ein Blick, wie Mondlicht, grundlos tief, doch hell,
Traf mich, und also redete ihr Mund:

„Hörst Du, wie viele Ströme wandern schnell,
Und Klänge rauschen, und sich Fluten heben?
Das ist mein singender, geheimer Quell . . .

Und schaust Du meine Schwester drüben schweben?
Die regsame, die wirkt und webt und spinnt,
Auf ernstgranitne Tafeln schreibt das Leben,

Und alle Dinge, die geschehen sind?
Sie heißt Geschichte, und sie ringt und schafft,
Indeß ich, ein gedankenvolles Kind,

Und das mit Seherblick ins Ferne dringt,
Fein'res erschaue hinter dem Geschehen,
Als was der Alltag jedem Blicke bringt. —

Du aber sollst und kannst die Welt ersehen,
Wie ich, weil Dich die Fantasie so liebt,
Und weil sie Dich geführt in meine Nähen.

Aus meinem Quell, der tausendfarb' zerstiebt
Netz' ich die Augen Dir und Deine Stirn,
Daß Tag und Nacht sich schleierlos Dir giebt.

So kannst Du die Gedanken frei entwirr'n,
Die hinter dem Geschehen heimlich leben,
Hellsichtig mögst Du sein, und wenig irr'n!"

Da fühlt' ich mich von neuer Kraft erbeben . . .
Das Morgenrot zog eine lichte Grenze,
Zu der die Fantasie begann zu schweben — —

Der dufteten zu Häupten junge Kränze . . .
Und sinnend wandert' ich zurück nach Haus,
Das ganz umflimmert lag vom frühen Lenze.

Nun klingen all' die feinen Stimmen aus,
Die Wunder sprachen, tief um Mitternacht.
Helltönig ruf' ich's in das Land hinaus,

Was mir die heil'gen Dreie kund gemacht.
Elsaß, geliebtes, Dir soll es gehören,
Was meiner Seele heimlich eine Macht

Geoffenbart in reingestimmten Chören . . . .

Die Feeenbrücken im Breuschthal.

(Mündliche Überlieferungen.)

Die Seeenbrücken im Breuschthal.

Von zerbrochnen Göttertempeln ragen kühne Säulenkronen,
Wo der Rauch von Opfern dampfte, schaust Du heute
Adlerthronen.

*

Wo mit laubgekränzten Stirnen und gehüllt in reiches Linnen,
Die Druidenpriester knieten in Gebet und tiefem Sinnen,

*

Ragen wesenlose Blöcke, hingeschleudert in die Lande,
Tiefgebleicht von einer Sonne vieljahrhundertlangem Brande.

Keine Menschentritte nahen diesen wilden, stummen Stätten,
Welche pupurdunkle Blumen, Moos und Wildkraut frisch umketten.

❧

Zu dem Dämmer dieser Mauern, zu dem strengen Steingehege
Findet nur Geheimnisvolles, Übermenschliches die Wege.

❧

Und sie sagen, daß die Seeen in dem Mauergarten schweben,
Aus den reichen Brombeerhecken ihre weißen Stirnen heben;

❧

Um die Stämme schlanker Birken ihre Arme flammernd schlingen,
Und mit wunderseltnen Stimmen starke Zauberlieder singen.

❧

Und es ragt vom Seeengarten über alle, alle Trümmer
Von gewaltgem Stein ein Bogen, bis hinauf in Sternenschimmer.

❧

Wenn die Julinächte duften, wenn das Korn beginnt zu reifen,
Zarte Funken von den Sternen suchend zu der Erde schweifen;

❧

Wenn im Grunde aller Wälder scheue, wilde Vögel lachen,
Aus der Welt und aus den Seelen alle Kräfte auferwachen.

Wenn aus fernen, dumpfen Stätten, und aus letzten Dorfesgassen
Solch ein Hauch von Schönheit flutet, den kein Ufer könnte
fassen;

❋

Dann geschieht es, daß die Geister in der Welt Verwandtes
ahnen,
Und sich Brücken bauen möchten, zu den Menschen liebe
Bahnen...

❋

Die sie Tags in Erdengründen spannen: lichte, gold'ne Seile,
Winden nun die flinken Seeen um die Trümmer hin in Eile.

❋

Ihre Lichtgewänder tragen sie zur Höhe, wie mit Flügeln —
Und sie werfen ihre Seile thalhinüber zu den Hügeln.

❋

Bis zum ersten Morgensterne muß die That vollendet stehen,
Oder wesenlos verfallen und in graue Luft verwehen.

❋

Alle Sommernächte schaffen rastlos jene feinen Hände,
Doch trotz ihrer Kraft und Sehnsucht, nimmer finden sie das
Ende.

❋

Jedes neuen Morgens Funkeln sieht die hochgeschwung'ne Brücke
Grundlos in den Lüften hängen, und zerfall'n in graue Stücke.

Weil die Menschen, die da schlafen, taub sind für den Ruf der
Elfen,
Zu den Himmlischen die Brücke nicht mit Thaten bauen helfen;

*

Weil sie nicht entgegenkommen, weil sie träge ruh'n und
träumen,
Im Vergessen und im Lassen vieles Herrlichste versäumen;

*

Weil sie mit den kurzen Zielen, tief im Nied'ren, Nied'res
wirken,
Und nur ihrer Seele Sehnsucht greift nach himmlischen Bezirken.

Nachts am Lügenfeld.

(Mündlich, und nach Golbéry.)

Nachts am Lügenfeld.

Oktobernacht! die wilden Wolkenschatten,
Sie rasen über blumenlose Matten —
In seine großen Harfen greift der Sturm —
Aus der erregten Haide kommt ein Klingen —
Aus den bewegten Blättern geht ein Singen, —
Die Mitternacht schreit auf vom Turm ...

Das Mondlicht gleißt! dort liegt das Feld der Lüge
Darauf des frommen Ludwig Heereszüge
Ruhlos vor viel Jahrhunderten gekämpft.
Vom Thurwald drüben drängen Nebelmassen —
Die Felder rings, und alle Höh'n erblassen,
Zu grauenhaftem Schein gedämpft.

Und die da sonst mit Giebeln und mit Türmen
Fast keck bis an die Wolken möchte stürmen,
Die helle Reichsstadt Colmar liegt im Grau,
Und geisternd steht der Nebel an den Mauern —
Laublose Bäume in den Gärten schauern —
Ein böser Zauber streift die Gau.

Nun reißt der Nachtsturm auf die Nebelfalten:
Da regen sich Gesichte und Gestalten,
Die Fäuste zucken und das Auge späht.
Verscholl'ne Krieger sind's aus toten Zeiten,
Die lautlos auf den schwarzen Rossen reiten,
Von Fahnenfetzen überweht.

Die Schwerter blitzen fahl im Licht der Sterne,
Die Hengste bäumen; aus verlor'ner Ferne
Klingts wie ein wimmernder Trompetenton —
Wer ist der dort? anklagend furchtbar schauen
Die Augen unter schmerzverzog'nen Brauen —
Er stieg zum Kampf vom Frankenthron.

Und seine Söhne stürmen an zum Streiten.
Auf fahlen, zügellosen Rennern reiten
Verrat und Lüge neben Jenen her —
Doch unverletzlich steht Ludwig, der Milde.
Deckt ihn ein Cherub mit dem hellen Schilde?
Der Feinde wucht'ger Hieb fällt leer —

Vielleicht geht Licht und Kraft von den Gestalten,
Die neben ihm auf schlanken Rossen halten,
Die königlichen, jüngsten Knaben zwei —
Sie blieben treu. Wie kühn und frei sie schauen!
Wie junggewaltig sich die Glieder bauen!
Wie Edeltannen stehn im Mai.

Sieh dort Lothar, den furchtbar Hochgemuten!
Sein gülden Rüstzeug überrinnt, wie Bluten,
Ein roter Mantel, der im Nachtsturm weht.
Es ist sein Haupt verdammt, sich rückzuwenden,
Wo starr, mit drohend aufgehobnen Händen,
Sein greiser Vater nickend steht ...

Pipin, der Arge, bricht nun ein vom Walde;
Ein dumpfes Erzgedröhn geht auf der Halde —
Er rast wie die Empörung der Natur.
Er blitzt mit Blicken, die wie Flammen zehren,
Er trotzt sich Gassen mit gezückten Speeren —
Ein Blutquell zeichnet seine Spur — — —

Die Stunde rinnt. — Die armen Schatten jagen.
Auf springt der Erdgrund — es beginnt zu tagen —
Krieger und Kön'ge sinken hin in's Nichts.
Es stirbt die Nacht mit den entrückten Stimmen,
Indes von den Vogesenhöhen glimmen
Die Feuer ersten Morgenlichts ...

Der Nebel ist zu gold'nem Tau zerronnen, —
Und vor dem Leuchten dieser Herbstessonnen
Reckt keiner Nacht Gespinnst die droh'nde Faust.
Das Leben redet — während durch die Felder
Der Morgenwind durch stolze Eichenwälder
Das Hohelied des Tages braust . . .

Die Tannenkirche.

(Mündliche Überlieferung nach Stöber.)

Thannkirch im Elsaß trägt nach der Sage seinen Namen von einer Kirche, in die ein unschuldiges Mädchen floh, um sich vor ihrem Verfolger zu schützen. Die Mauern des Kirchleins schlossen sich, um sie zu bewahren, eng und enger zu einem mächtigen Tannenstamm.

Die Tannenkirche.

Jüngst in einem zarten Abendlichte
  Ruhte ich an einem Edeltann,
Und wie aus verschollener Geschichte
Trat's mich wie ein tiefes Rühren an.

Und es thuen mir die toten Zeiten
Ihre längst geschloss'nen Augen auf:
Burgen aufersteh'n, die Hallen weiten
Sich in Gold, es blitzt der Türme Knauf . . .

Blasse Zelter zieh'n am Haidesaume,
Schleier, lichtbrokat'ne Schleppen weh'n —
Silberhörner schallen wie im Traume,
Wo im Burghof Lindendüfte gehn . . .

Eine süße Maid steht dort am Bronnen,
Linnen wäscht sie mit der rauhen Hand;
Wie von Saphirlicht ist sie umronnen,
Das im frühen Junitag entbrannt.

Alle Edlen zogen heut zum Feste —
Und es zittert Sommereinsamkeit
Durch des Schloßhofs goldne Lindenäste,
Um die Stirne der verlaßnen Maid.

Doch die lacht mit glückeshellen Wangen:
„O, wie bin ich frei! wie tanzt mein Blut!
Denn mit Jenen ist auch er gegangen,
Der mich wild bedrängt mit seiner Glut.

Er, der trotz'ge Herr, der Fürchterliche —
Ich bin seines Schlosses letzte Magd;
Immer fühl' ich seine Raubtierschliche
Um mich, ob es nachtet, oder tagt."

Dort im Gärtlein blühn Narzissensterne —
Damit krönt sie Stirne und Gewand;
Ihre Augen jubeln in die Ferne,
Wo in freier Stille schläft das Land . . .

— Aber plötzlich fühlt sie sich umfangen,
Und ein durstend-wildes Angesicht
Preßt sich ihr an Brust und Mund und Wangen,
Und bezwingend eine Stimme spricht:

„Wisse denn, Du Wunderschöne, Spröde,
Alle gingen — List hielt mich zurück;
Ich erschuf uns diese sel'ge Öde —
Heute raub' ich mir ein Hochzeitsglück.

Von den duftenden Akaziendolden,
Die da drinnen reich im Burghof blühn,
Mach' ich Dir ein Bett, der fürstlich Holden,
Und sein Saum wird rot von Rosen glühn."

„Rasender, Ihr wollt mich Freie zwingen?"
Ruft sie — „ob auch Eure letzte Magd,
Siegend werd' ich um mein Heil'ges ringen,
Das Ihr tückisch anzutasten wagt!"

Und es wächst ihr Kraft wie mächt'ge Flügel —
Wie ein junger Adler fährt sie hin,
Durch den Schloßhof, niederwärts den Hügel,
Durch der Hecken dorniges Gespinn.

Und ein Kirchlein öffnet breit die Pforte.
Hinter ihr der liebesgier'ge Mann —
„Weiche", ruft sie, „vor dem heil'gen Orte,
Wenn Dich meine Not nicht rühren kann."

Gellend lacht er . . . Doch da geht ein Schauern,
Wie ein göttlich Grollen durch den Raum —
Leuchtend steht die Maid; die Kirchenmauern
Schließen sich um sie zum Tannenbaum.

Wie im Gottgericht die Schollen wanken,
Öffnen sie dem Wütenden ein Grab,
Während aus des jungen Baumes schlanken
Zweigen eine Elfe grüßt herab . . .

Keine Axt darf je den Stamm verwunden,
Der die reine Seele einst umhüllt,
Die, von ihrer Erdgestalt entbunden,
Heimlich diesen Baum mit Leben füllt.

Die Geknechtete, die einst zusammen
Brach in eines rauhen Lebens Jagd,
Regt sich frei in jedes Frührots Flammen,
Nun im Ästerauschen, eh' es tagt . . .

Der Jüngling von Hüningen.

(Nach Lamey.)

Ein grimmiger toller Wolf setzte einst Hüningen in Schrecken und zerriß Menschen und Tiere. Keiner wagte, ihn zu bekämpfen, da bewältigte ihn eines Tages ein starker fremder Jüngling. Mit einem furchtbaren Wolfsbiß im Arm, bat er das Volk, ihn zu töten, weil ihm sein Leben mit dem Gift nicht mehr lieb war — —

Der Jüngling von Húningen.

Es ging ein würgender Wolf durch's Land,
Deß Pranken noch Keiner übermannt;
Ihm flammte der Blick in Hungersglut,
Und alles Sanfteste fiel seiner Wut. —

Und wenn er um Mitternacht bellend stand
Mit lichtlohen Augen am Waldesrand,
Als schickte die Hölle ihr Ärgstes empor,
Da schlossen die Kühnsten enger ihr Thor —

Doch einst im perlenden Frührotschein
Kam Einer über die Lande allein,
Hochhäuptig, die Stirne voll reiner Kraft,
Den Körper voll zuckender Leidenschaft.

So wandelt der höchste Lebensmut —
So flammen Augen in reiner Glut;
Und knurrend duckt sich das Höllentier,
Da die arglose Kühnheit streift sein Revier.

Der Jüngling tritt her — aufbrennt der Kampf;
Vom Wolfsrachen quillt giftiger Dampf.
Wie der wechselnde Sieg ihre Sehnen strafft!
Die Beiden messen Knochen und Kraft!

Auf das Siegesgeschrei und Kampfgebell
Naht die ängstlich versteckte Menge schnell.
Das wölfische Ungeheuer liegt tot,
Und rings leuchtet Blut und das Morgenrot.

Und zwei Arme heben sich himmelwärts.
„Ich hab' Euch befreit, nun befreiet mein Herz!
Mit dem Sieg trank ich Gift!" ruft der Jüngling laut,
„Zum letzten Mal hab' ich die Sonne geschaut!

Stoßt mich nieder! mich traf der wütende Zahn —
Nun ist's um mein reines Blut gethan —
Viel lieber sterb' ich zur Stunde als Held,
Als langsam von schleichendem Tollgift gefällt!

Dort hinten, wo Eure Gassen ruh'n,
Da kennt Ihr nur zages und sachtes Thun;
In ängstlichen Sorgen fließt Euch der Tag,
Und niedergedämpft geht des Herzens Schlag . .

Ich aber bin regsame Jugend, die schafft,
Ich atme die Freudigkeit der Kraft,
Ich kann nicht am Gifte stückweis vergeh'n,
Wenn Seele und Leib noch in Blüte steh'n! . . ."

Die Menge weicht scheu — sie versteht ihn nicht . . .
Es geht von seiner Stirn wie ein Licht:
„Und wollt Ihr nicht töten, ich thu' es frei!"
Er stürzt in die Waffe mit jauchzendem Schrei . . .

„So schließ' ich dem Gift meiner Adern Thor,
So schieb ich den Riegel des Todes davor!
Ich gehe zur Gottheit früh und allein,
Ein Würger des Bösen — und — stolz — und — rein."

Die Gerichtsnacht von Girbaden.

(Mündliche Überlieferung, und Th. de Morville, histoire pittoresque de l'Alsace.)

Die Gerichtsnacht von Girbaden.

Was ist ein wirrer Sturm zur Märzennacht,
  Als wenn da Stimmen zum Gerichte rufen,
Und eine gräßlichste im Hohne lacht —

Als rasen Pferde hin mit glüh'nden Hufen.
Und Fackeln, wie von Geisterhand geschwungen,
Erblitzen auf des Schlosses schwarzen Stufen.

Zu Haslach ist die Mitternacht verklungen.
Der Wind zerreißt den Klang zu Schmerzensschreien,
Die wimmernd fliehen in die Dämmerungen.

Der Sturm fragt brüllend durch die Säulenreihen,
Als ob er fiebernd ein Gestorbnes suche,
Das sich im Grab versteckt, sich zu befreien.

Doch nie entflieht Verrat dem großen Fluche.
Da wachsen plötzlich die zerfallnen Steine
Zu einem Thron mit blutend rotem Tuche.

Die Hallen stehen licht im Kerzenscheine,
Und funkelnd Goldgerät gleißt an den Wänden,
In edlen Krügen lacht's von kühlem Weine.

Und ferne Zeit ersteht. Von weichen Händen
Ward heute manches kecke Haupt gekrönt.
Der Schloßhof leuchtet noch von Fackelbränden,

Indeß der Saal von Silberhörnern dröhnt.
Nach dem Turnier, im zarten Reigentanz,
Wie lerchenfroh da alles Lachen tönt!

Doch fahler Schreck tritt plötzlich in den Glanz —
Die große Brücke fällt und in die Hallen
Ergießt sich wildes Kriegsvolk, und der Kranz,

Der eben blühte, muß dem Schwert verfallen.
„Wer brach die feste Burg? wer schlug die Brücke?
Das ist Verrat! der greift uns voll mit Krallen;

Der fällt in unsre Lust: ein Wolf der Tücke!"
— Die Waffenlosen kämpfen, stürzen, ringen,
Der holde Reigen weist gar blutge Lücke.

Die Fremden mit den troßgen Stirnen, schwingen
In tollem Spott die todeswunden Frauen
Zum Tanz noch einmal mit gesenkten Klingen.

Die Säle steh'n wie blutesrote Auen,
Die Feinde rasten nicht, bis ringsumher
Nur totgewelkte Stirnen sind zu schauen . . .

Dann winken sie den blassen Knecht daher,
Der seine edle Ritterschaft verriet,
Der aber schleppt die Schritte stumpf und schwer.

Sie häufen rotes Gold; er rührt kein Glied,
Er läßt es zu den blut'gen Leibern rollen.
Indeß sein Aug' in's gräßlich Leere sieht . .

Und darauf sind Jahrhunderte verschollen.
Girbaden liegt in Tanneneinsamkeit.
Nur jede erste Märznacht, wenn die tollen

Lenzstürme weh'n in Kampfestrunkenheit,
Dann aufersteht ein heimliches Gericht,
Das donnerstimmig groß nach Rache schreit —

Dann hebt in einem mitternächt'gen Licht
Der Vogt der Burg aus blut'gem Bette sich,
Und sucht und sucht mit fahlem Totgesicht . . .

Er ruft mit Worten leis, doch fürchterlich
Die Hallen hin; das Ingesind erwacht —
An grauen Leibern klaffen Hieb und Stich . . .

Sie schleppen nun aus aller Grabesnacht
Burgfrau'n und Edle in den Purpursaal,
Und den, der sie in frühe Not gebracht.

Die Schädel nicken blicklos, stier und kahl ...
Dem treulosen Knecht in ihrer Mitte
Brennt auf der nackten Stirn ein großes Mal —

Die Toten heben nun mit scheuem Schritte
Zuerst ein Drehen an, ein Reigenschwingen,
Der Knecht bebt unter jedem ihrer Tritte.

Er kann sich nicht vom Boden aufwärts ringen.
Und weiter wachsen Flammen, irre Lichter,
Und alle Glocken heben an zu klingen —

Die Feuer laufen, steigen, fallen dichter,
Und in die Höllenfunken schreit der Wind:
„Wo ist der Rächer, und wo ist der Richter?"

Da tönt's von droben, wo in Schalen rinnt,
In goldenen, das stille, ew'ge Licht,
Wie Worte, die aus andern Welten sind:

„Wir droben richten nicht und rächen nicht;
Wir schauen auf die wilde Jagd der Dinge,
Denn alles trägt tief in sich sein Gericht;

Es fügt sich unentrinnbar Ring zum Ringe.
Und es giebt Viel, das niemals ruhen kann,
Und das sich würgen muß in eigner Schlinge ..."

Die Stimme schweigt. Der Feuertanz hält an.
Fern aus dem Lande ruft die erste Stunde —
Die irre Burgnacht fällt in Schlaf und Bann;

Und alle Tannen singen leis im Runde
Und es erklingt vor erstem Frührotscheine,
Als ob ein Herz mit niegeheilter Wunde,

Um die für Gold verkaufte Ruhe weine — —

Das Irrkraut.

(Mündliche Überlieferung.)

In den Elsaßbergen wächst ein Kraut, das Irrkraut genannt, wer auf dasselbe tritt, der verliert den Weg und findet lange nicht, oder nie nach Haus.

Das Irrkraut.

Wie heimlich hier die Strahlen geh'n!
Wie fern die wilde Taube lacht!
Und alle Gräser zitternd steh'n,
Und Königskerzen nicken sacht —

Und Purpurschatten spielen groß
Und flimmernd, wie Getropf von Blut
Auf einem Bett von weichem Moos,
Drauf ein verirrtes Mägdlein ruht.

Die ist gewandert in den Mai,
Sie ging in einer Blütenlust —
An engen Gassen stolz vorbei,
Bis Waldeswürzen trank die Brust ..

Da kam wie Rausch ein feiner Duft
Vom Boden auf; — ihr ward so wirr —
Das Licht ging wirbelnd durch die Luft,
Als tanzten alle Stämme irr.

Sie sprach: "Wie trüb ist doch mein Blick!
Ich sehe Himmel nicht, noch Land —
Ich finde nicht den Weg zurück —
Ich bin in's Irre hingebannt —

Es brennt mein Fuß so scharf und wund —"
Und wie sie forschend niederschaut,
Da haftet an dem Sohlenrund
Ein duftend, feingeblättert Kraut.

Sie löst es leis, und hebt's empor,
Und atmet seine Würze ein —
— Da plötzlich lockt es wie ein Chor
Von Stimmen in ihr Herz hinein —

Es ruft vom Himmel, lacht im Tann,
Aus Wolken, aus den Dörfern weit, —
Wie Augen schaut der Wald sie an.
Es faßt sie eine Seligkeit;

Es rührt sie eine Sehnsucht tief,
Und doch ein Leiden namenlos,
Etwas, das nie erweckt, noch schlief,
Und das nun anwächst himmelgroß . .

Da plötzlich kommt es über sie:
„Das ist das Irrkraut, das ich trat,
Nun find' ich nie, nun find' ich nie
Zur Heimat mehr den lieben Pfad." —

Sie ist durch vieler Nächte Blau,
Und Lenzestage Lustgebraus,
Durch vieler Morgen Demanttau
Geirrt, und fand doch nie nach Haus.

Da welkte hin das Blumenrot
Der Wangen, und ihr Hoffen starb;
Dann kam im Abendgrau der Tod,
Als Einziger, der um sie warb —

Der webte mit verdorrter Hand
Ein seltsam Kleid dem süßen Leib;
Von Irrkraut schuf er das Gewand —
Und qualgelöst entschlief das Weib . .

So lockt des Lebens Wunder auch
In's Tiefe, in's Geheime Dich.
Da aber trifft Dich Giftes Hauch,
Und eine Wunde bitterlich —

Denn, hat das Irrkraut Dich erfaßt,
Die große, süße Leidenschaft,
So mußt Du friedlos, ohne Rast
Hinwandern, bis Dir bricht die Kraft . . .

Die Frauen von Ruffach.

(Nach Sebastian Münster's Cosmographey.)

Die Frauen von Ruffach.

Das war um des fünften Heinrich Zeit,
Der brach dem Bischof von Straßburg den Eid.

„Und wer mir Clemens als Papst nicht erkennt,
Den treffe in Rache, was sticht und brennt."

Und er raubte ihm Ruffach, das Bistum und Schloß,
Und er stürmte die Stadt mit Heer und Roß.

Herr Vogt, geht hin, zeigt eiserne Hand,
Bis sie Clemens als Herren von Rom erkannt!

Der Vogt übte Willkür, mit Wut und Graus —
Das Glück schlich weinend zum Thor hinaus ..

Einst blaute ein schimmernder Ostertag,
Da glimmten die Blüten wie Kerzen am Hag;

Da stieg es wie Wiehrauch vom Blumengefild,
Vom Kirchlein sangen viel Stimmen mild —

Und ängstlich huschen die Bürger hinein,
Als könnt' wer die heilige Schwelle entweih'n.

Grad' fällt ein Goldstrahl in's Kirchenthor,
Da wandelt ein herrliches Mädchen hervor.

So rein ist die Stirn, und so scheu ihr Tritt
Da trotzt ihr entgegen ein eherner Schritt.

Es bricht sich der eiserne Vogt die Bahn:
„Euch hat der Kaiser in Acht gethan;

Ihr alle seid mir zu eigen und Frohn,
Ich such' meiner Lust den süßesten Lohn."

Zwei Knechte schleppen die Maid hinweg;
Da tritt in die Reihen der fahle Schreck.

Und die Mutter sinkt flehend zur Erde hin:
„Auf Männer! macht eisern die Faust und den Sinn.

Wenn der Kaiser und Vogt unser Heiligstes zwingt,
Und die Freiheit mit Wildheit nieder ringt,

Dann ist's Zeit, daß das Gräßliche, was sie gesät,
Das Schwert der Verzweiflung niedermäht . . . "

Die Männer schau'n wie verwirrt und gebannt,
Und Keiner regt zu Thaten die Hand.

Da erhebt sich die Mutter in höchster Not,
Ihr Wort klingt gewaltig wie ein Gebot:

„Und knebelt er Eure Männerkraft,
So ruf' ich ein Höheres aus der Haft,

Ihr Frauen, aus Eures Herzens Glut
Erweck' ich der Mutter heiligen Mut!

Wem warmes Blut in den Adern rinnt,
Der eile zum Kampf um ein schuldloses Kind!"

Da fahren sie stolz wie Löwinnen auf —
Sie entreißen den Männern der Schwerter Knauf.

Und die Entflammten wachsen zum Heer,
Und greifen in heiliger Wut zum Speer —

Und wie sie den Bergpfad stürmen hindann,
Da fällt's von den Männern wie dumpfer Bann.

Die Ruffacher strecken mit Hieb und Stich
Den Vogt und alles, was kaiserlich . . .

Und Heinrich der Fünfte enteilt zu Roß
Nach Colmar mit seinem zerschmolzenen Troß . . .

Die Sage kündet: Der Kaiser vergaß
Die Krone, und ward gar schreckensblaß;

Und Mantel und Szepter fand er nicht mehr,
Noch fürstlich Gewaffen und Mannesmehr.

Doch die siegenden Frauen haben zur Nacht
Noch Krone und Szepter zum Kirchlein gebracht;

Und den Mantel, purpurdunkel und fein,
Den hüllten sie um den Altarschrein ..

— Wenn die Liebe im Frauenherzen erwacht,
So loht sie empor zu reinerer Macht,

Als Mannesmut und Herrschergewalt,
Und alles Schöne in freier Gestalt;

So wird sie in heiliger Leidenschaft
Des Weltenrundes tiefinnerste Kraft.

Die versunkene Stadt.

(Nach Schweighäuser, antiquités du Bas-Rhin.)

Bei den Wäldern von Hambach liegen Wiesen, auf denen Mauerstücke, und unter denen Reste römischer Niederlassungen sich finden. Manchmal sinken Stellen ein, wo das Vieh weidet, — und Hirten finden dann Trümmer von Bildwerken.

Die versunkene Stadt.

Hier, wo bei Hambach ehern steigt der Wald,
 Sind einst urkräft'ge Scharen hingezogen;
Hier meisterte den Boden die Gewalt,
Hier schwirrten Pfeile einst aus Römerbogen,
Hier hat manch Elsaßrecke die Gestalt,
Den Nacken einem neuen Joch gebogen.
Hier wandelten nach Gallien breite Scharen
Von Söhnen und von Knechten der Cäsaren.

Und viele, die des Wegs zurückgekommen,
Die rasteten an Hambach's Waldesrand,
Der Eiche Stämme haben sie genommen,
Und Säulen aufgeführt mit starker Hand;
Und ihres Herdes Feuer sind entglommen —
Die Stätte wurde ihnen Heimatland;
Und von den Dächern trutzten ihre Schilder,
Und in den Hallen ragten Götterbilder ...

Doch sind der Menschen Stätten kurz von Dauer —
Ein ew'ges Auf und Ab von Leid und Glück —
In großer Kämpfe, großer Stürme Schauer
Verfallen feste Städte, Stück um Stück;
Kampf wechselt mit dem Sieg, — Frohsinn mit Trauer,
Und alles fällt an dies Gesetz zurück:
Das Dasein wird in alle Ewigkeit
In's Gleichgewicht erhoben von der Zeit.

Es kamen andre Völker siegestrunken,
Und pflügten nieder jene Römerstätten.
Und Säulen brachen; Götter sind gesunken —
Sie schlafen längst in ihren letzten Betten.
Auslöschten ihres Wirkens letzte Funken,
Und über ihren Gräbern hängen Ketten
Von sonn'gen Garben; — und ein Goldgeflecht
Von Reben, die gepflanzt ein Nachgeschlecht.

Und da, wo einst die schönheittrunknen Heiden
Sich Tempel bauten, blüt nun eine Au,
Auf der die Böcklein und die Lämmer weiden . . .
So tausendschönbedeckt, so veilchenblau
Schmiegt sich die Wiese bis zum Rand der Haiden.
Zwei Hirtenkinder springen in den Tau;
Sie tollen wild . . . wie froh die Gräser blinken!
Da plötzlich fühlen sie den Boden sinken . . .

Der stärkre Knabe reißt die Maid empor —
Ihr Fuß ward weh an einem harten Steine.
Voll Neugier teilen sie den Blumenflor.
Da leuchtet schon in fremdem Marmorscheine
Ein strenges Haupt mit blasser Stirn hervor;
Und mühvoll heben sie's zum Wiesenraine,
Und hüpfen jauchzend um den Kopf des Riesen,
Und spielend rollen sie ihn in die Wiesen . . .

Ich aber bin des Weges g'rad' gegangen,
Und habe gleich den Leuchtenden erkannt:
Das ist ein Kopf des Jupiter! — so hangen
Die Locken von der edlen Stirne Rand.
Vor ihm, den zott'ge Böcklein heut umsprangen,
Hat einst gekniet ein ganzes Heldenland.
Dies Bild, das heut betasten plumpe Finger,
Erschien dem stolzen Rom ein Allbezwinger.

Und hinter mir vertönt das Kinderlachen —
Ich hab' ein Marmorstücklein aufgelesen —
Wehmütig war's, als ob die Trümmer sprachen:
Es trägt kein Ding unwandelbares Wesen —
Ein ewig Wechseln, Sterben, Auferwachen!
Und das, was vor Jahrhunderten gewesen
Für ein erlauchtes Volk des Betens Ziel,
Wird heut vielleicht — — — ein Hirtenkinderspiel! . .

Die gebannten Helden von Groß-Geroldseck.

(Nach Moscherosch „Gesichte Philander's von Sittenwald.")

Indem wir nun überzwerchs zuruck durch den Wald auff die Matten kommen, erkante ich mich alsobald, daß wir nechst bey Gerolz Eck, einem alten Schloß auf dem Wasgau wären, von dem man vor Jahren hero viel Abentheyer erzehlen hören: Daß nemblich die uralte Teutsche Helden, die Könige Ariovist, Arminius, Witichindus, der Hürnin Siegfried und viel andere in demselben Schloß zu gewisser Zeit des Jahres gesehen werden, — welche, wan die Teutsche in den höchsten Nöthen sein, wider da herauß und zu hülff erscheinen werden.

Die gebannten Helden von Groß-Geroldseck.

I.

Es geht von Geroldseck ein altes Sagen:
Dort auf der Hochburg seien lichtverbannt
Im Zauberschlaf, aus deutschem Reich und Land
Kön'ge und Helden aus gestorbnen Tagen.

Siegfried, den einst in List erschlug Herr Hagen,
Armin, der Rom besiegt' mit erzner Hand,
Und Ariovist, der stolz in Schlachten stand,
Und Viel', die Königsglanz und -last getragen.

Die aber sollen, wenn in höchste Not
Das alte Reich kommt, dräuend auferstehen,
Und sollen, Jeder wie ein Götterbild,

Entwandeln und erheben ihren Schild,
Und in des ersten bangen Tages Rot
Herniedersteigen von den Wasgauhöhen . . .

II.

Doch, heilig ruht der Frieden in den Räumen.
Mit unverletzten Turmeskronen heben
Sich rings die Städte in das freud'ge Leben;
Und drüben, wo des Rheines Wasser schäumen,

Entgleiten friedvoll unter Schattenbäumen
Bekränzte Schiffe, die in's Ferne streben,
Mit froher Kornesfracht; wie Schwäne schweben
Sie hell an's Ufer, das die Reben säumen . . .

Die Luft steht reglos — und nur manchmal klingt
Ein Lachen, ein Gebet, ein Lied ins Land . . .
Und wenn's hinauf zu eurer Hochburg dringt,

Dann legt das Schwert aus eurer treuen Hand!
Dann schlaft in Euren sonnenfremden Räumen,
Dann schlaft, um noch Jahrhunderte zu träumen!

Der singende Knabe im Straßburger Münster.

(Nach des Ratsherrn Heckeler handschriftlichem Werk über das Münster 1680.)

Anno 1680 im 9bri haben früh vor 3 im Münster die Glöcklein deß Uhrwerks, alß gantz ungewöhnlich und wieder Herkommen geschlagen. Doch Keiner wüßte, wer es thäte. Wir gingen mit Lichtern in das Leichhöfflein; da haben wir gründlich vernommen die hell leichtende Knabenstimme. Wir sind näher zugegangen, hat alles zumahl auffgehöret, und haben nichts erblickt. Darüber ist uns eine nicht geringe Forcht angekommen, und sind gleichsahm gantz verstarrend zurückgekehrt. Nun bald hernach hat der Eventus sich begeben, daß die Stadt Straßburg das Römische Reich quittieret und ahne Frankreich übergegangen.

Solches Singen bedeutet immer eine Propheceyung.

Der singende Knabe im Straßburger Münster.

Das war drei Stunden nach Mitternacht,
    Da ist der Türmer vom Münster erwacht;
Es kam ein feines Singen vom Chor,
Es hasteten zarte Schritte empor —

Das klang nicht wie Orgel, und nicht wie Schalmei,
Das klang nicht wie süßer Vogelschrei,
Das war kein Flöten- kein Geigenklang,
Der über den läutenden Glocken sang . . .

Der Türmer zündet ein Leuchtlein an,
Da stürmen schon eilige Schritte heran —
Der Ratsherr Seckeler vom Frauenhaus,
Den weckte auch der nächtliche Graus.

Nun steigen die Zweie zum Glockenhaus;
Da singt es so weh in's Dämmer hinaus..!
Sie leuchten mit Fackeln zur Höhe empor,
Es summt und klagt ein gespenstiger Chor.

Beim roten, grellen Scheine des Lichts,
Sie schauen und schauen, und sehen nichts —
Keine Hand ist da, die die Glocke schwingt,
Kein Mund, der die warnende Weise singt.

Das ist nicht der Ton, der Feuer ruft,
Nicht der Ton, der im ersten Tagesduft
Zu den Schlafenden dringt in heimlichen Raum,
Und zu Thaten sie weckt, aus Wahn und Traum...

Es kommt wie ein Schwingen aus Wolken weit —
Es kennt keinen Ort, und hat keine Zeit
Und das süße Stimmlein, das drüber klingt,
Das ist wie ein Engelsmund, der singt...

Da wendet der Ratsherr sein ernstes Gesicht:
„Das ist wie Verkündung von einem Gericht!
So zeigt sich ein großes Schicksal an,
Dem Keiner, Keiner entrinnen kann."

Und des Engelsknaben Stimmlein klagt,
Bis der Morgen am Wasgau demanten tagt —
Da tönt es mit einem Seufzen aus,
Und die Glocken stehn still im steinernen Haus ...

———————————————————————

Dann gingen schwüle Monde durch's Land,
In Kirche und Reich war Kampf entbrannt;
Und Straßburg, die heitre, daß Gott erbarm',
Die fiel in Frankreichs gestrengen Arm ...

Da hat sie geruht, bis wieder vom Chor
Der singende Knabe trat hervor,
Der kündete mit seinem Hohenlied,
Daß ein neues Geschick über Elsaß zieht.

So tragen die Himmlischen auf und ab,
Von Tod zu Leben, von Wiege zu Grab,
Von Kampf zu Sieg, von Frieden zu Streit
Das Gesetz der Versöhnung der wechselnden Zeit ...

Das versunkene Kloster von Rheinau.

(Nach Schilter's Urkunde, und mündlicher Überlieferung.)

Donoch aber über vil jor 'also men zahlte nach Gottes geburte Mcc und lxxxxij, jor. Do as der Rin dasselbe Kloster und stifft gerwe (ganz) abe, und wart von Honowe gezogen grin Rinowe (Rheinau), do dasselbe stifft und dumherren nu sint. Und tut in der Rin aber gar we und het ein gros teil von der stat gessen und isset in kurzer zeit gerwe abe, das villichte nüt geschehe, werent sü selige münch blieben also jr vordern.

Das versunkene Kloster von Rheinau.

Vom Schottenlande mit gar vielen Frommen,
　Ist einst der Franke Chlodwig heimgekommen,
Und gab der Schar am Rhein ein heilig Haus.
Das trug wie Goldkettlein die Rebgehänge
Und durch die sonnenvollen Klostergänge
Zog manch ein sel'ger Chor hinaus.

Die Mönche schufen kräftig Wort und Thaten.
Und wie aus schwarzem Erdgrund Edelsaaten
Aufblüh'n, so weckten sie im Land das Glück.
Die Armut lachte bald mit roten Wangen,
Zu zager Freude löste sich das Bangen,
Der Bann der Not brach Stück um Stück.

Und friedvoll ruht des Klosters Stromgelände.
Ihm häufen gern der Edelherren Hände
Der Burgen Schätze und der Schreine Gold.
Ein Wachsen, eine Fülle in den Hallen!
Und wie wenn Segensschalen überwallen,
Also der Rhein die Wogen rollt.

Jahrhunderte verbrausten. Wo die klugen
Und frommen Brüder einst sich hären trugen,
Herrscht üpp'ge Sitte nun, üppig Gewand.
Die Pracht der Höfe stieg zur Rheinau nieder
Manch Lied von Weltlust tönt' im Kreuzgang wieder,
Zu eng wird Manchem Zell' und Wand —

Da hebt in roterblühten Sommertagen
Im Walde an mit Horn und Speer ein Jagen,
Großäug'ge Rehe bluten auf der Au . . .
Im Sammtgewand und kecke Lust im Blicke,
Das grüne Hütlein schwebend im Genicke,
So füllt der Domherrn Schar die Gau.

Und duftbereifte Trauben von den Hügeln,
Fasanen mit den goldbeglänzten Flügeln,
Hellfloss'ge Fische aus des Stromes Grund,
Erles'ne Speisen, feuerreiche Weine,
Das Alles prangt in lachend frischem Scheine
Auf purpurfeinem Tafelrund.

Wo einst die fromme That war, ist Genießen —
Und ihres Überflusses Schalen gießen
Sich nicht mehr füllend in die Hand der Not.
Zum reichen Kloster, wo die Herren prassen,
Schreit drohend auf das Elend aus den Gassen,
Und schluchzt der Hunger still nach Brot.

Doch einst in einer Lenznacht kam's mit Grollen,
Von drunten, wo die goldnen Wasser rollen,
Anklagend, drohend steigt's vom Rheinesgrund.
Als griffen Fäuste wütend an die Mauern —
Den festen Bau durchrinnt es wie ein Schauern.
Auf thut der Sturm den dunkeln Mund.

Der Rhein reißt auf die einst geweihten Pforten —
Ein Brausen wie von Zorn und schweren Worten
Wächst an zu einem wilden Rachechor.
Und höher steigt das tolle Wasserwallen,
Fährt tötlich in die Zellen, in die Hallen
Und bricht die Riegel, bricht das Thor.

Entwurzelt steht der Bau, der Grund zerrissen,
Der Tafel Purpurlinnen sind zerschlissen,
Und flattern wie ein blutbeströmtes Tuch.
Das heil'ge Haus, das unfromm nun geworden,
Der Rächer Rhein beginnt mit ihm ein Morden,
Natur reckt ihre Faust zum Fluch . . . . .

Nur manchmal in ergrauten Herbstestagen,
Stromüber schwebt es her wie irre Klagen,
Aus Nebeln löst sich eine blasse Schar;
Die toten Mönche, die den Schlaf nicht finden,
Sie wandeln in der Unrast ihrer Sünden,
Gebete flüsternd, Paar um Paar.

Und aus den Wassern, die sich einst empörten,
Kommt heimlich Klingen wie von nie gehörten,
Von tiefen Glocken, die versunken sind.
Der Strom geht still — es ward ein Land der Klage;
Fruchtlos und blumenlos gehn hier die Tage,
In Silberpappeln weint der Wind — —

Denn nie mehr leuchten die smaragdnen Reben;
Und jene Uferhügel, die sich heben,
Nie mehr sind sie gestickt mit lichtem Korn . .
Der Rhein liegt dumpf in seinem Königsbette —
Das Land welkt, — denn es ruht auf dieser Stätte
Der Gottheit dunkle Faust im Zorn.

Der rauschende Baum.

(Mündliche Überlieferung.)

Der rauschende Baum.

Das ist in tiefer Maiennacht.
 Der Himmel sternenlichtentfacht,
Der Wind geht sacht —

Der Mond hängt seinen blauen Schein
So hin und hin, wie Perlenreih'n,
In's Gras hinein.

Die Wiese schweigt in Tau und Traum,
Nur silbern ragt ein Apfelbaum
Reglos im Raum.

Und leise träuft der Blütenschnee . .
Am Haidsaum steht ein zagend Reh,
Den Blick voll Weh —

Leuchtkäfer irr'n am Wiesenrand,
Als flög' ein goldgesticktes Band
Seltsam in's Land . . .

Da kommt zu Roß ein stummer Mann,
Der reitet wie in Zwang und Bann,
Die Au hindann.

Der Zügel hängt; hier geht kein Steg,
Und dennoch findet traumesträg
Das Roß den Weg —

Den Weg, wo einst in Maiennacht
Zwei Jugendselige gelacht,
Zum Glück erwacht . .

Das Leben war so blütenrot —
Da griff hinein die greise Not
Und früher Tod.

Im Goldgelock die süße Frau,
Die Sommernachts bis Morgentau
Auf dieser Au

Im Bette Deines Arms geruht,
Zu der Dich all' Dein schäumend Blut
Hinriß in Glut,

Du blasser Mann, suchst Du sie jetzt?
Dein Glück schläft längst, von Schuld verletzt,
Und totgehetzt.

— — — — — — — — —

Feldüber sucht das Roß den Raum,
Wo silbern ragt der Apfelbaum
Am Wiesensaum.

Der Reiter horcht, die Luft geht sacht,
Doch im Geäst des Baums erwacht
Ein Ton voll Macht —

Der wächst zu wildem Rauschen an,
Wie Leid, das sich nicht fassen kann
Im Thränenbann . . .

Das Land liegt stumm; doch rauscht es wild
Im Baum, als ob's von Thränen quillt
Und überschwillt.

Und wie mit bleichen Armen faßt
Den Friedelosen Ast um Ast —
Und er erblaßt . . .

Es küßt ihn wer, es rührt ihn wer,
Es ruft von weit aus Sternen her
Sein Haupt wird schwer —

Das junge Blut wird welk und greis,
Es schluchzt der Baum, und bannt ihn weiß
In seinen Kreis.

Das Roß rast scheu in Nacht und Tau —
Die Nebel laufen geistergrau
Wüst in die Au.

Der Jüngling bebt in fremder Qual —
Auf Schattensohlen schleicht's zu Thal
Vom Sternensaal.

Und er liegt blütenüberschneit
Am Ort gestorbner Seligkeit,
Zum Tod befreit.

Im Baum das fremde Rauschen schweigt —
Wie wenn sich etwas atmend neigt,
Und niedersteigt.

Schwebt so sein totes Lieb dahin?
Dem selbst der Himmel ohne ihn
Zu leer erschien?

———————

Welch Schicksal auch ein Band zerreißt
Die Seele, die in Sternen kreist,
Bleibt so verwaist,

Wie jene, die noch Erdluft trinkt,
Bis sich die eine siegbeschwingt
Zur andern ringt.

Denn Die, die höchste Seligkeit
Im Kuß vereint, und tiefstes Leid
Zum Paar geweiht,

Die finden sich aus Schuld und Tod,
Aus Sehnsucht, Einsamkeit und Not,
Durch Gottgebot.

Der Flieger.

(Mündliche Überlieferung aus der Gegend von Kaysersberg.)
Nach Stöber.

In Kaysersberg lebte ein Mann, der nach folgender Begebenheit „der Flieger" genannt wurde: Als er eines Tages Reben las, gab ihm eine Frau eine herrliche Traube, die er kostete. Alsbald fühlte er sich emporgehoben, und flog weithin; er fiel endlich krank nieder und wurde bewußtlos heimgebracht und mit Wunden.

Der Flieger.

Ein lachender Herbst, ein Rebengefild,
  Darin es von Würzen und Säften quillt!
Ein Wald, der in tanzenden Farben loht,
Und Kraniche ziehen ins Abendrot..

Und die Wolken fliegen wie Schwäne gen Süd —
Und die letzte Rose am Wege glüht —
Es liegt wie Verheißung rings über'm Land:
Es schimmert von Trauben die Bergeswand..

Da regt und tummelt sich eine Welt;
Und braune Knaben und Mädchen gesellt,
Am Rebengelände ab und auf
Pflücken die Trauben zu goldenem Hauf.

Ein knospendes Dirnlein, fast noch ein Kind,
Die wirbelt so regsam wie Maienwind
Durch die ernsteren Reihen und hüpft und lacht:
„Nun schauet und staunet, und habt mir Acht!

Ihr pflückt und schafft und tummelt euch so,
Ich wanderte nur, der Stunde froh;
An der Sohle hing noch der Wegesstaub —
Da schaut' ich entzückt in das kühle Laub,

Und fand, und fand die köstlichste Frucht,
Die ich, träumenden Sinnes, kaum gesucht.
Nun kommt, und kostet das seltene Ding!"
Da schlossen die Winzer um sie den Ring —

Und der Kühnste tritt blitzenden Auges hervor,
Und hebt die Traube zur Sonne empor:
„Ich hab' mich vom Frühtau an müd' geschafft,
Mich dürstet's nach ihrem innersten Saft..."

Und wie er zur Lippe sie hebt und trinkt,
Da ist's, als ob ihn ein Fremdes bezwingt: —
Er hebt sich, und taumelt gleichwie im Flug,
Zu den Wipfeln und Gipfeln geht sein Zug.

„Mir wird so selig, mir wird so wirr —
Es tanzen die Städte und Wälder irr —
Es tragen mich Wolken in's Ferne hin,
O, wie ich beflügelt und selig bin!"

Da erhob sich plötzlich ein Sturm aus dem Blau,
Und trug den Berauschten weit über die Au —
Die Nüchternen schauten das Wunder an,
Und verfolgten die schwindelnde Wolkenbahn —

Er aber ist weit über Wälder geirrt,
Und fiel dann tief, von Dornen umwirrt — —
Und als hereinsank die Nebelnacht,
Da ist er allein und in Wunden erwacht ...

— — — — — — — — —
Und weißt Du der Sage tiefsten Sinn?
Ein sorgloses Kind, die Liebe, geht hin
Durch die Fülle des Lebens ahnungslos;
Da fällt ihr das reife Glück in den Schooß —

Und wie sie es bietet des Dürstenden Mund,
Da wird ihm vor Sehnsucht die Seele wund.
Es drängt ihn vom Staube zu Höhen weit:
Im Fluge des Traums liegt die Seligkeit! —

Doch der Rausch der Schönheit und Liebe ist
Eine süße, beflügelte, kurze Frist;
Und wenn Du in's Leben zurückerwacht,
Dämmert vom Grunde die Täuschung und Nacht ..

Das weiße Fräulein.

(Mündlich, nach Stöber.)

("'s wyß Fräule" von den Bewohnern des Gregorienthals genannt, kommt in hellen Nächten von der Plixburg, steigt singend den Pfad hernieder, wäscht sich am Quell das Gesicht, pflückt Maiblumen und kehrt dann weinend ins Schloß zurück.)

Das weiße Fräulein.

Es schlummert das Gregorienthal
 In tiefem Blumenschnee;
Wie Silberkrönlein blitzen zumal
Maiblumen, Veil und Klee.

Der Mond scheint bergesüber herein —
Nun tropfen die Wälder von Licht;
Es fließt wie ein fremder Heil'genschein
Über den Landen dicht ...

Ein Burggemäuer hängt an der Firn,
Dort senkt der Pfad sich sacht;
Und wie in heimatlosem Irr'n
Tastet wer in die Nacht —

Zu Thale schwebt die feine Gestalt
Mit ungehörtem Schritt —
Und durch den mondesleuchtenden Wald
Wandelt ein Singen mit . . .

Es steht wie ein lachendes Warten auf Glück
Um die Lippen der süßen Frau;
Sie sucht in die Ferne, sie schaut nicht zurück,
Sie tritt auf die Maienau.

Da rauscht ein Brünnlein mit zagem Getön,
Sie setzt sich auf seinen Rand.
Die Tropfen gleiten ihr perlenschön
Über die zitternde Hand —

Es löst das seltsame, hohe Weib
All ihrer Gewänder Pracht,
Und neigt sich, und badet den blendenden Leib
Im Brunnen verstohlen sacht . . . .

Dann thut sie ihr jaspishelles Kleid
Und Spangen und Kettlein an,
Als rüste sie sich zu bräutlicher Zeit,
Und fühlte die Wonne nah'n . . .

Wie glasgesponnene Fäden fließt
Ihr Ringelhaar, das sie strählt;
Und von der sternhellen Aue liest
Sie Maiblumen ungezählt ...

Sie heftet die duftenden an ihr Kleid,
Und flicht sich ein Krönlein und lacht —
Spähend und harrend schaut sie weit
In die Mondesmitternacht.

Und leuchtend das Land, und silbern der Wald,
Maiblumenbleich die Au,
Und weiß umrinnt das Licht die Gestalt
Der weißen harrenden Frau.

Sie singt nicht mehr — sie starrt weithin,
Als ob sie durch Himmel und Land
Ein Liebstes suchte mit fiebernden Sinn,
Das sie doch nimmer fand ...

Dann wendet sie sich — die Luft wird fahl,
Die Sterne schwinden im Grau;
Es fallen des Morgens Thränen zu Thal
In die silbernen Knospen der Au.

Und sie sucht den blassen Pfad im Wald,
Muß heim zu Burg und Bann;
Die arme, rührende Lichtgestalt
Hebt leise zu schluchzen an.

Das funkelnde Kleid verfärbt sich in Grau —
Es löst sich der Maienkranz;
Und blumenlos entwandelt die Frau —
Zu Thränen ward der Glanz . . .

So sucht alle Nacht die Sehnsucht den Steg
Zum fernen, leuchtenden Glück —
Mit Singen und Lachen hebt an ihr Weg,
Und schluchzend kehrt sie zurück.

Barbaroffa unter dem Gißelstein.
(Mündlich und nach Strobel „Geschichte des Elsaß".)

Barbaroſſa unter dem Bibelſtein.

Jetzt heb' ich ein heiteres Märlein an:
Am Lügenfeld blüht ein Wieſenplan;
Sie nennen's im Lande den Bibelſtein,
Drauf nicken die Blumen im Frührotſchein ...

Da ſitzt im Grund Barbaroſſa und lacht,
Er ſchläft zu Tage, und lebt zur Nacht;
Dann ſteigt er herauf, und ſchaut in die Welt,
Bricht vom Heck einen Stab, und wandert in's Feld —

Er war ja einst Herzog vom Elsaß genannt,
Und herrschte weithin über Schwabenland;
Er liebte die Gauen; — und nächtlich umkreist
Die seligen Höhen noch heute sein Geist...

Er ist schon längst aus dem Kyffhäuser fort,
Das war ein so grundlos-tiefer Ort —
Die Raben haben es ihm gesagt,
Daß es droben im Reiche wieder tagt...

Wenn die Sterne in rauschender Sommernacht
Den Pfad auf Erden ihm licht gemacht,
Dann steigt der herrliche Kaiser empor
Aus des Bibelsteines geheimem Thor.

Das Korn im Lande goldfarbener reift,
Wenn er segnend die schlafenden Felder streift;
Und der Wein in den Beeren kryftallener quillt,
Wenn er lächelnd durchwandert ein Rebengefild,

Und wenn er vor Tage durchschreitet den Tann,
Hebt von Tauben und Lerchen ein Singen an —
Dann geleitet der frühe Vogelchor
Den Kaiser zurück an des Bibelsteins Thor.

Wie der erste Rauch von den Dörfern steigt,
Und in flimmerndem Tau die Welt noch schweigt,
Da liegt er im Erdgrund schon und ruht,
Und das Land atmet Frieden in seiner Hut...

Und wollt ihr's nicht glauben, so geht und lauscht,
Und hört, was da leise den Stein umrauscht,
Und hört, was der Frühlingswind Heimliches singt:
Barbarossa's Atem aus Tiefen klingt!

Sie sagen: Wer leise zum Stein sein Ohr
Hinneige, dem töne gar Heitres empor;
Denn, wer da geduldig horchet und harrt,
Der hört, wie dem Kaiser — — — wächst der Bart . . .

Die Glocke von Kestenholz.

(Nach Silbermann's Merkwürdigkeiten des ehemaligen Elsaß.)

Auf einer alten Burg bei Kestenholz hauste ein Zwingherr, von dem die Bürger erzählten, daß er unter einer Linde mit jeder Braut den ersten Reihen getanzt, und sich nachher gar sträfliche Freiheiten angemaßt. Da verschworen sich die Leute, und ermordeten den Tyrannen, auf das scharf gegebene Zeichen einer Glocke.

Die Glocke von Restenholz.

Ein heißer Klang von Geigen und von Flöten
Rauscht durch des Maientages letzte Röten,
Am Hang die edelen Kastanien blüh'n.
Ein Hochzeitsreigen regt sich um die Linde.
Sie fliegen wie die Wölklein hin im Winde,
Aus denen rasche Blitze sprüh'n.

Die Braut ist eine süße, stille Dirne —
Unnahbar liegt ein Schein auf ihrer Stirne,
Der höher, als von Myrtenblättern stammt . . .
Und, der sie freit, steht so in Jugendprangen,
Ein kühnes und doch zartes Glückverlangen
Ist wie ein Stern im Blick entflammt . . .

Die Burschen schließen eng des Tanzes Ketten,
Als wollten sie die beiden Sel'gen retten,
In einen Ring, der keinem Wüten weicht.
Sie flüstern: „Seht, schon graut der Abendschatten,
Das ist die Zeit, wo leise von den Matten
Vom Schloß der durst'ge Tiger schleicht...

Nach Schönheit brennt sein Blut in wilden Lüsten;
Und wenn nicht seine Lippen durstend küßten
Den ersten Blütenschmelz von jedem Mund,
So däucht's ihn Raub an seinem Zwingherrnrechte.
Manch junge Freude ward ihm so zum Knechte
Und manches Glück ward todeswund.

Wohlan, sein ist die Macht, die Bürger zittern,
Wenn er hernieder, wie mit Wildgewittern,
In Groll und Toben fährt von seinem Schloß.
Die bleiche Angst hockt stumm auf jeder Schwelle,
Wenn er entriegelt die geheimste Zelle
Ruchlos mit seinem Waffentroß.

Doch allzuvoll sind seiner Sünden Maaße,
Und überreif ward er nun unserm Hasse —
An diesem Glück begeh' er keinen Raub!
Hinweg! wir lösen lautlos nun die Reihen,
Und wandeln stark wie Rächer mit den Zweien
Durch dieses Waldes schützend Laub."

Gastliche Lichter winken fern vom Orte;
Es öffnet sich den Beiden still die Pforte,
Die Burschen schließen um das Haus den Ring.
Da plötzlich naht ein Dröhnen wie von Hufen, —
Sturmschnell klimmt wer hinauf die Hüttenstufen,
Und Schwerter droh'n auf seinen Wink...

Wie die Getreu'n entführt die Jungfrau sehen,
Wie ihr zerfetzt die weißen Kleider wehen,
Da wächst in ihnen eine heil'ge Wut.
Sie stürmen in die Nacht. Mit großer Stimme
Entfachen sie die Schlafenden zum Grimme,
Der rasen läßt ihr zahmes Blut...

„Aufruhr! hinauf! macht Stab und Axt zu Waffen!
Laßt Sklavenfurcht nicht euren Geist erschlaffen,
Der letzten Stunde reif ist der Tyrann!
Schwarz ruht die Nacht; doch hell loht unser Hassen.
Dorthin! noch hallt sein Huf in diesen Gassen,
Noch rauscht von seinem Ritt der Tann..."

Von der Kapelle kommt ein fremdes Klingen,
Als ob da Stimmen unter Thränen singen,
Wie eine Klage wimmert's durch den Sturm.
Als die empörten Hände sie geschwungen,
Da ist die Glocke, schrillen Lauts, zersprungen —
Nun weint sie durch die Nacht vom Turm —

Das wunde Wimmern macht die Mannen wilder,
Als Feindes Schwertanprall auf erzne Schilder,
Als Siegesruf und Schlachttrompetenton —
Sie nah'n; sie splittern jäh das Burgthor nieder,
Und sie befrei'n die blumengleichen Glieder
Der Maid aus der gewalt'gen Frohn...

Der Zwingherr tot!... des Tages erstes Schauern
Trifft wie Erlösung Castinetum's* Mauern,
Denn die gefang'ne Lebenslust ward frei —
Und die zersprung'ne Glocke klingt nun wieder
In das kastanienblüh'nde Thal hernieder,
Fast wie mit leisem Freudenschrei.

Und zum Gedenken, daß selbst Erze weinen,
Und klagend es sich rühren kann in Steinen,
Wenn wüste Lust ein schuldlos Glück bedroht,
Ertönt noch heut die Glocke zu der Stunde,
Da sie einst heil'ge Rache rief im Runde,
Im Auferglüh'n vom Morgenrot....

* Kestenholz.

Die Keule in Colmars Stadtwappen.

(Nach einem lateinischen Manuscript, in die Erwinia
aufgenommen 1838.)

Die Keule in Colmars Stadtwappen.

Ein Gewalt'ger kam geschritten vor gar vielen tausend Tagen,
Von Hispanien in den Wasgau; — also reden alte Sagen.

Von der Insel Erytheia sollte er die weiße Herde
Des Geryones entführen, heim nach Griechenlandes Erde.

Und er zwang die Riesenwächter und den Höllhund mit der Keule;
Hinter ihm vertönte gräßlich der Bezwungnen Wutgeheule...

Lachend wandte sich der Starke, und er bat um eine Gnade:
Daß ihm die erlegte Herde folge auf dem Heimatpfade;

Daß sie ihm zu eigen werde. Und Eurystheus that ihm Willen.
„Herkules, mein kühner Diener, eins nur mußt Du mir erfüllen.

Weit vom Westen, hin zum Osten sollst Du Deine Schritte eilen,
Und Du mußt mit Deinen Rindern täglich wandern zwanzig
Meilen.

Wenn Du zum bemessnen Tage dann erreichst die griech'sche Erde,
Sei sie Dein, die wundervolle weiße, heil'ge Rinderherde."

Von den Pyrenä'n, von Gallien, hoch in seiner Herde Mitten,
Kam er eines lichten Tages vom Vogesenjoch geschritten.

In Argentovar* im Rheinthal hat er kurze Rast gehalten:
„Bringt mir Eures Weins ein Fäßlein, doch vom rebenduft'gen,
alten."

Und er trank in heißen Zügen ... Da — ein Werk, das nie
gelungen:
Herkules, den Unbesiegten, hat der Elsaßwein bezwungen.

Seiner Rinder helle Glocken thäten ihn vom Schlaf erwecken;
Und es faßte den Gewalt'gen ein gar menschliches Erschrecken.

„Hei, ich lag wohl viele Stunden wie in Zauberschlaf versunken!
Welch ein seltsam Land ist dieses! Euer Wein macht Riesen
trunken!"

Und er hebt sich schnell vom Orte; es beginnt ein eilig Wallen —
Doch im Rausche ist dem Heros seine Keule sacht entfallen ..

* Horburg bei Colmar.

Da in Horburg's Rebengarten ruht' die mächtige vergessen,
Während des Heroen Schritte schon die Griechengau durchmessen.

Die in seinen Händen Wunder wirkte, kann kein andrer schwingen,
Aber sie erzählt den Menschen von vollbrachten Zauberdingen.

———————————————————————————

Als sie nach viel hundert Jahren mußte modern und vergehen,
Gaben ihr die Nachgeschlechter noch im Bild ein Auferstehen.

In der starken Reichsstadt Colmar Wappen schaust Du sie
               entragen,
Daß sie rings dem Elsaß künde von den hingegangnen Tagen.

Als noch Götter und Heroen wandelten durch seine Wälder,
Und sich Mächtigste berauschten an dem Trank der Rebenfelder,

Und als Herkules, der große, dem die Welt, besiegt, gesunken,
Ward von einem Wasgauweine — zu Vergessenheiten trunken.

Das Weingeigerlein von Brunnstatt.

(Mündliche Überlieferung nach Stöber.)

Wenn die Reben blühen und ein günstiger Herbst kommen soll, so hört man im Brunnenstatter Rebhügel das Weingeigerlein (Wigigerle) lustig drauf los fideln, dabei auch Gläserklirren und Tanzen im Berge. Soll es jedoch ein schlechtes Weinjahr geben, so vernimmt man einzelne klagende Saitenklänge aus dem Hügel.

Das Weingeigerlein von Brunnstatt.

Die Märzensonne liegt im Land —
Von roten Blüten ist entbrannt
Der Mandelbaum im Garten.
Es duftet rings der Erde Mark,
Und Halme wachsen lebensstark,
Wo Eisdemanten starrten.

Am Fels des Mooses feiner Sammt
Ist schon mit Knospen licht besammt!
Die Quellen lachen leise —
Der Hang ist veilchenblütenblau,
Und weither aus dem Rebengau
Klingt heimlich eine Weise.

Fern hebt ein uralt, steinern Thor
Aus Mauern sich und Giebeln vor
Und knospenjungen Bäumen.
Dort ragt der alte Brunnstattberg,*
Darin ein lichtverbannter Zwerg
In sonnentoten Räumen.

Weint eine ferne Geige dort?
Was kommt an diesen Frühlingsort
Für märchenhaftes Singen?
Ach, oder ist es Jubelklang,
Der freudenwild den Berg entlang
Rheinüber möchte dringen?

Sie sagen: wenn ein schluchzend Lied
Aus jenen Bergesspalten zieht,
Das deute dunkle Zeiten,
Da ringsum alle Edelfrucht
Des Weins im Keime sei verflucht,
So weit die Töne gleiten.

Doch wenn's wie Becherläuten dröhnt,
Und wenn die Geige jubelnd tönt,
Wie große Lebenswonne,
Dann soll der jungen Rebe Saft
Aufgähren zu besondrer Kraft
In stiller Sommersonne.

Das Klingen wächst und füllt die Luft.
Ein früh geweckter Rebenduft
Umfliegt wie Rausch den Hügel...
Es schreitet aus dem Brunnstattthor
Ein Paar mit leichtem Schritt hervor,
Als wüchs ihm Engelsflügel...

Der Knabe ruft: „Hörst du den Klang?
Das ist des Geigers Lenzgesang,
Ich kenne seine Saiten.
Nun jauchzt er laut — nun weint er leis,
Ach Liebste, hörst du, wie so heiß
Sich Lust und Klage streiten?"

Ein blütenflock'ger Apfelbaum
Entragt am Berg, am Wegessaum.
Dort rasten aus die beiden!
Sie sind so jung, so liebevoll,
Sie kennen keines Schicksals Groll,
Und nicht des Lebens Leiden.

„Entblüht uns heuer süßer Wein,
So darf im Herbst die Hochzeit sein,
Drum horchen wir der Kunde!"
— Der Knabe flüstert's heimlich leis,
Der Dirne wird so glückesheiß,
Und zitternd rinnt die Stunde —

Da plötzlich schwillt der süße Sang
Und wird geheimnisreich und bang,
Und löst sich dann in Wonne;
Und wächst zu Freudenchören an,
Und sucht sich freie Wolkenbahn
Bis hoch hinauf zur Sonne.

Das Mädchen beugt sich weit zurück:
„O Liebster, horch, so singt das Glück,
Ich kann die Töne deuten!"
Und leise spricht das Geigerlein:
„Dies sei ein Jahr von Edelwein
Und Herzensseligkeiten."

Die Jungfrau auf St. Ulrich.

(Mündliche Überlieferung nach Stöber.)

In der Christnacht jedes Jahres zeigt sich auf dem Rappoltsteiner Schloß St. Ulrich ein weißes Fräulein. Im selben Augenblick kommt vom Zellenberger Schloß ein Ritter gesprengt, der das Fräulein erlösen will; — aber er vermag es nicht, da dies nur von einem Lebenden geschehen kann.

Die Jungfrau auf St. Ulrich.

In der Christnacht auf dem Ulrichsteine,
Taumeln sternenhelle Eiskrystalle,
Und es kommt in einem fremden Scheine
Eine Frau aus längst gebrochner Halle . . .

Ihr Gewand ist ganz von Eis gewoben,
Und ein Eisreif liegt auf ihren Locken;
Winkend hält sie ihre Hand gehoben,
Und der tote Blick ist tief erschrocken.

Da sprengt her vom Zellenberger Schloße
Einer, wie gehüllt in Spinnwebfetzen;
Vorgeneigt auf seinem blaßen Roße,
Das die scharfen Sporen vorwärts hetzen.

„Eine Nacht im Jahr darf ich mich heben
Aus der engen, bangen Totentruhe —
Weil ich Dich so sehr geliebt im Leben,
Gönnt mir nun das Heimweh keine Ruhe.

Wenn Dich meine durst'gen Lippen küßen,
Will ich Dich und mich vom Bann befreien, —
Und wir werden nicht mehr schlafen müßen,
Sondern wachen in der Menschheit Reihen . ."

Doch die leidensblaße Maid spricht leise:
„Nur wer küßen kann mit lebensroter
Lippe, löst mich aus dem starren Kreise —
Aber Du bist selbst, wie ich, ein Toter . . .

Wende Dich! wir sind aus einem Reiche!
Sieh', Du gehst auf Erdenheimweh's Spuren.
Und als sehnsuchtsvoller Schatten schleiche
Ich zur Christnacht auf die Erdenfluren;

Hoffend, daß aus lichten Fröhlichkeiten
Einer kommt, der Toten zu gedenken;
Aus den Freuden, die sie heut bereiten,
Der Vergeßnen eine nur zu schenken."

Und sie späht in die beschneiten Auen,
Wo die weihnachthellen Fenster strahlen,
Ob sie Keinen, Keinen kann erschauen,
Der sie löste aus den Schlafesqualen.

Doch im Tiefschnee alle Thäler schweigen . . .
Wie die Flocken taumeln bleich von hinnen,
Lösen sich die Schatten auf, und neigen
Hilflos sich, und seufzen und zerrinnen . . .

Ach, es wirbt der Tod um warmes Leben;
Sein gewalt'ger Kuß heißt ja: das Sterben!
Aber, die in That und Kraft noch streben,
Werden nimmer um Verfall'nes werben . . .

Was der warmen Gegenwart verloren,
Was da ruht in den Vergangenheiten,
Wird in's Dasein nur zurückgeboren,
Durch des Dichters Traum in's Leben schreiten . . .

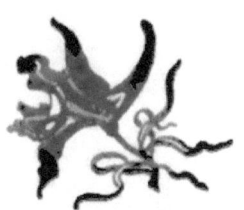

Kaiser Sigismund und die Straßburger Edelfrauen.

(Nach Herzog's „Edelsasser Chronik" u. Schilter's „Königshovener Chronik".)

Kaiser Sigismund und die Straßburger Edelfrauen.

Das war der Kaiser Sigismund,
　Der ritt zu Straßburg in's Thor;
Da tönte aus fernstem Gassengrund
Manch lachender Jugendchor . . .

Er ritt vom italischen Wälschland zurück
Nach Böhmen und Ungarland;
Die junge Krone, das junge Glück
Ihm leuchtend zu Häupten stand.

Jüngst hört' er bei einem Festgelag,
Die Frauen von Straßburg sei'n
So blond, wie der goldenste Sommertag,
So schön wie die Welt im Mai'n.

Er ruft: „Lang ist mir Freund die Stadt,
Nun meld' ich mich ihr als Gast;
Wenn sie so edle Blumen hat,
So halt' ich dort selige Rast."

Er spornt sein Roß; bald funkelt der Rhein
Blaßgolden im Land empor,
Und Straßburg schließt im Maienschein
Dem Kaiser auf sein Thor.

„Du gabst uns gutes Recht und Gold,
Nun schenkt Dir des Reiches Stadt,
Was sie an Lust und Schönheit hold
In ihren Mauern hat.

Dir ist der Weg durchs Gassengewirr
Von feinen Jasminen gewirkt,
Und Deines Rosses Goldgeschirr
Ist rings mit Rosen umzirkt . . ."

Es eifern die „Müll'nheim"* und „Zorne"* gar
Um adliger Schönheit Preis
In Braungelock und Goldringelhaar,
Mit Gliedern, narcissenweiß.

Es reitet Savoyen's Graf Amadée
Jungfroh dem Kaiser zur Seit' —
Sechshundert Rosse, blitzend wie Schnee
Geben ihm fürstlich Geleit.

---

* Die Herren von Müllenheim und die Freiherren Zorn von Bulach
sind sehr alter Straßburger Adel.

Zu Mühlstein, der Stube der Müllenheim,
Ist Tanz und Weingelag;
Da regt sich kühn und doch geheim
Manch wilder Herzensschlag —

Und Sigmunds Arm, der gestritten hat
So oft in fährlicher Schlacht,
Umspannt nun zart wie ein Blumenblatt
Die Frauen im Tanze sacht —

Die „Zorn", ein hochgemutes Geschlecht,
Und Feind den Müll'nheimer Herrn,
Die blieben nach alten Haß und Recht
Dem Feste stumm und fern.

Und wie nach dreien Nächten ein Tag
Aufsteigt in bezwingendem Glanz,
Und der Kaiser noch tief im Schlafe lag,
Da naht sich ein Reigentanz.

Die alte Brandgasse ab und auf,
Zieh'n Frauen und Jungfräulein
Mit Lachen und Necken im zierlichen Lauf,
Um die Häupter Frühsonnenschein . . .

Nun fliegen sie eilig die Stiege hinan,
Die Wachen öffnen die Reih'n,
Und frei liegt zur Kaiserthür die Bahn —
Eine Edelfrau tritt herein.

„Wach' auf mein Kaiser, heut bist Du uns Gast
In der Wohnung am Hohensteg;
Wach' auf, wach' auf aus tiefer Rast!
Wir weisen Dir den Weg —"

Und die Übermütige lacht und spricht:
„Ein Kaiser hält sein Wort;
Du sagtest uns gestern mit frohem Gesicht:
„Zwar kenn' ich nicht Steg noch Ort,

Doch wenn ihr mich holt, ihr süßen Frau'n
So komm' ich zu jeder Stund' —
Vom Schlaf, im lichtesten Morgengrau'n
Von trunkenster Tafelrund...." — — —

Dann tritt sie zurück, ein wenig verworr'n:
„Nun tretet, mein Kaiser, herfür;
Es harren die edlen Frauen der „Zorn"
Alle vor Eurer Thür."

Er hüllt sich in einen Mantel ein,
Der wallt ihm von Schulter zu Zeh'!
„Nun mögt ihr stolz eures Sieges sein:
Ich folge euch, wie ich steh —"

Da lachen die Recken: „Dein Fuß ist nackt,
Komm' Kaiser, wir kaufen Dir Schuh;
Nun folg' uns in fröhlichem Tanzestakt
Durch die Gassen in Morgenruh' —"

Der ernste Sigismund aber lacht:
„Das ist mir ein krauses Ding, —
Nun bin ich ganz in der Schönheit Macht,
Und ganz in der Anmut Ring."

Bald legt ihm ein flinkes Meisterlein
Die herrlichsten Schuhe an;
Und die Frauen, wie helle Blumenreih'n,
Ziehen ihn hin die Bahn . . .

Der Morgen wirft purpurne Rosen in's Haus —
Es funkelt der Elsaßwein —
Und Geigentöne jauchzen hinaus
In den tanzenden Maienschein . . .

Da lacht der Kaiser und hebt den Pokal:
„Dem Morgen gilt dieser Trunk,
Den süßen Frauen, dem Edelsaal,
Und Allem, was leuchtend und jung!

Ich rufe hinaus in den Tag, der ersteht,
Des Frohsinns erlauchte Gestalt
Und die Schönheit hat höhere Majestät
Als alle Kaisergewalt! . . ."

St. Theobald errettet Thann im Schwedenkrieg.

(Nach Baquol, l' Alsace ancienne et moderne.)

Die Stadt Thann erlitt groß Leid, Ungemach und Hunger im dreißigjährigen Krieg. Nachdem die Schweden 1632 die Stadt eingenommen hatten, flüchteten die Einwohner in das Münster, da erschien der heilige Theobaldus, und alsobald fielen die Hufeisen von den Pferden der Schweden, so daß sie sich bestürzt zurückzogen —

St. Theobald errettet Thann im Schwedenkrieg.

Von dumpfen Trommeln und von Rosseshufen,
  Von Waffendröhnen und von Heeresrufen
Erbeben alle Gassen rings von Thann.
Es ist im tollen Krieg von dreißig Jahren, —
Die bunten, heimatlosen Landsknechtschaaren,
Die brausen wie die Sündflut an . . . .

Und Not und Hunger, Teufels Leidgesellen,
Die halten grinsend Wacht auf allen Schwellen,
Und trinken jedes Mannes Mut und Mark.
Sie ernten leicht, die satten Kriegesleute:
Wie Rohre fallen ihnen hin zur Beute,
Die einst wie Eichen trotzten stark.

Heut ist ein roter Tag! Die Schweden kommen.
Wie riesenhafte Fackeln sind entglommen
Die Höfe und die Hütten rings im Land.
Die Körner selbst in allen Halmen glimmen,
Es brennt der Wald, es schreien Sturmesstimmen,
— Es lodert auf wie Weltenbrand . . .

Die Bürger flieh'n, — es peitscht sie das Entsetzen . . .
Vor ihnen Feuer! hinter ihnen hetzen
Die Schwedenrosse in verweg'nem Schwarm;
Da plötzlich blinkt ein Thor und offne Hallen —
Die Kirche ist der Wut noch nicht verfallen —
Sie breitet aus den kühlen Arm . . .

Die kraftlos Elenden, sie stürzen nieder,
Sie singen am Altare schluchzend Lieder —
„Christ, gieb ein Wunder, das uns retten kann."
Und draußen jagt es her wie in Gewittern —
Ein Kolbendröhnen und ein Balkensplittern
Rührt schon die festen Mauern an —

Das Thor fällt; — in das ernste Dämmer dringen
Trutzwilde Männer; schon erblitzen Klingen —
— Da plötzlich steht ein Niegeschautes auf —
Ein Lichtgestalteter tritt vom Altare,
Ein güldnes Ringlein schwebt ob seinem Haare —
— Ein Zittern faßt den wilden Hauf.

Er hält ein Flammenschwert in seinen Händen,
Es stirbt der Schein von allen Feuerbränden
Da draußen, vor dem erdenfremden Licht . . .
Wie er das Schwert senkt, werden stumpf die Waffen
Der Schweden; — ihre Muskeln jäh erschlaffen —
Sie wenden ab ihr Angesicht —

Seltsam Geschehen! Aller Rosse Hufe,
Sie fallen klirrend an der Kirchthürstufe
Zu Boden hin mit ehernem Getön.
Entwaffnet zu dem Kampf sind Roß und Mannen,
Sie schleppen sich in einem Grau'n von dannen
Durchs Flammenthal und über Höh'n . . .

St. Theobald, der lichte, hebt die Hände,
Und da verfärben sich die Kriegesbrände
In eine stille Aschendunkelheit;
Und die Geknechteten des Thals erheben
Sich kraftdurchglüht, und wandeln in das Leben
Zurück, in die erlöste Zeit! . . . .

Die weißen Gestalten im Elsaß.

(Nach Stöber und Grimm.)

Sie erscheinen meistens lächelnd und tragen Geschmeide oder Schätze. — Dann kehren sie weinend heim; sie sind wie die Reste des alten Glaubens an germanische Götter.

Die weißen Gestalten im Elsaß.

Das ist Odin, das ist Freya, die durch diese Wälder schreiten,
Wenn sich durch die Juninächte erste Tagesröten breiten!

Über Odins Lockenhaupte zuckt ein Glanz wie Nordlichtsterne,
Und es glühen seine Blicke wie aus weltverlorner Ferne.

Der mit Walhall-Erz gegürtet, wandelt nun mit zagem Schritte,
Wie ein Schatten des Vergangnen, durch des Volkes arme Hütte,

Und er hält die süße Göttin eng umfaßt und deutet nieder
In die Gärten, wo ein Fenster aufblitzt aus dem dunklen Flieder..

Edelweiße Kleider schmiegen sich um Freyas junge Hüfte —
Aus den schön entrollten Flechten wehen Hyazinthendüfte.

Eine Krone, die gewoben wie aus frühem Morgengolde,
Trägt die Göttin in den Händen, und es spricht ihr Mund, der holde:

"Ach, des Zweifels Dornengeißel, die uns schlug mit blut'gen Hieben,
Hat uns aus den Menschenherzen längst ins Wolkenland vertrieben.

Aber oft in Sommernächten, wenn die schlanken Ähren reifen,
Wenn die schönen Morgenwolken hell die dunkle Erde streifen,

Fliegen wir im Frühelichte durch die lenzsmaragd'nen Auen,
Ob wir unter all' den Menschen noch den Götterglauben schauen.

Wenn ein früherwachtes Auge dann uns sieht im Morgenflimmer,
Bleibt in dem erstaunten Blicke lange noch ein Freudenschimmer."

Und sie schweben an die Kammer eines armen Hirtenkindes —
Leise öffnet sich die Thüre, wie vom Hauch des Morgenwindes.

Freya küßt die warmen Lippen einer schlafbefangnen Dirne —
Und vom Göttertraum der Liebe rötet sich die Kinderstirne.

Aus der Göttin hellen Augen fallen scheidend edle Thränen,
Die in dieses Mädchens Seele brennen wie ein fremdes Sehnen..

Also schweben nächtlich Götter, heimatlos, auf Sonnenspuren
Durch die Hütten, die da schlafen, durch den Duft der Rebenfluren,

Durch die keuschen Wasgauwälder, goldbeflammt von Knospen-
trieben,
Durch die jungen Menschenseelen, die da glauben, die da lieben..

Der Teufelsgeiger am Donon.

(Nach l'hiver dans les Vosges von A. Jouanne.)

Ein wunderlicher Geiger kam in's Dorf, und fidelte so verlockend, daß alles Volk ihm tanzend unter die Dorflinde folgte. Die Sonntagsglocken läuteten, doch Niemand ging zur Kirche. So raste der Tanz bis zur Nacht; da ward die Wiese zum Weiher, in dem die Tanzenden versanken. Der Geiger aber ist der Teufel gewesen — — —

Der Teufelsgeiger am Donon.

Das war ein seltsamer Gesell
  Mit Schwarzgelock und Flackerblick;
Die Stirne lacht ihm keck und hell,
Das Federhütlein im Genick. —

Das Wamms im Purpurseidenschein,
Fast wie ein junger Edelfant —
Und schaut doch gar so harmlos drein,
Die Geige lässig in der Hand —

Er redet nicht und bittet nicht,
Er rührt nur seine Saiten wild —
Da ist's, als ob Allmächt'ges spricht
Aus einem Born, der überquillt.

Und rings, da wächst zu heller Schar
Ein jubelndes Gefolge an —
Es neigt im Takt sich Paar um Paar,
Füllt blumendicht den Wiesenplan.

Da, wo vom Berg die Linde grüßt,
Und myrtenfeine Blättlein streut,
Da bebt in brennendem Gelüst
Die Menge, die dem Tanz sich beut . . .

Und manch ein Mund, der kaum gelacht,
Der jauchzt in einem Rausch von Glück; —
Und manche Seele ist erwacht,
Als fielen Ketten frei zurück . . .

Der Mann im Purpurseidenkleid,
Der geigt und geigt ohn' Unterlaß —
Und seine Augen brennen weit,
Und seine Lippen leuchten blaß —

Die große Glocke ruft vom Turm,
Denn es ist hoher Feiertag —
Doch, ihr Getön verbraust im Sturm
Vor aller Herzen lautem Schlag . . .

Es rast das Blut, emporgerührt
Von einem atemlosen Takt —
Wer ist es, der die Menge führt?
Welch süße Wut hält sie gepackt?

Es fliegt der Abend dunkelblau
Auf breiten Flügeln in das Land,
Und immer auf der Linden-Au
Ist noch der irre Tanz entbrannt.

Da plötzlich — als ob durch die Schar
Unsichtbar eine Sichel geht:
Gebrochen sinken Paar um Paar,
Von Glut gewelkt, von Lust gemäht —

Die große Glocke ruft vom Turm,
Denn es ist hoher Feiertag —
Doch ihr Getön verbraust im Sturm
Vor aller Herzen lautem Schlag —

Und langsam sinkt der Wiesenplan,
Gleichwie von einer Sünde Last —
Ein tiefer Grund ist aufgethan,
Der nun die toten Tänzer faßt.

Es springen Quellen jach empor.
Die Linden-Au wächst an zum See;
Von tief herauf klagt's wie ein Chor,
Und wimmert in zerbrochnem Weh...

Nur Einer steht und blickt und lacht . . .
Noch einen gräßlichen Akkord
Schreit seine Geige in die Nacht —
Dann hebt er sich vom bangen Ort . . .

Und wie er hingeht, sprießen rot
Irrlichter unter seinem Tritt;
Am Wald steht sein Genosse: Tod —
Der geht zur großen Ernte mit . . . .
— — — — — — — —

Johannisnacht am Straßburger Münster.

(Mündliche Überlieferung nach Stöber.)

In der Johannisnacht jedes Jahres steigen alle Münstergeister empor, tanzen bis zur Spitze hinauf einen Reigen, und gehen Hand in Hand. Oben, fast in den Wolken, schwebt eine weiße Jungfrau.

Johannisnacht am Straßburger Münster.

Das ist eine von den stillen, von den mondlichtlohen Nächten,
Wo die Sternenstrahlen erdwärts breite Silberbänder
flechten;

Wo Geheimstes seine Augen öffnet in den Weltengründen,
Und emporsteigt, sich im stillen Licht zu baden frei von Sünden;

Von den süßen, von den bittren, die einst Glück und Leiden
schufen,
Die empor aus heißem Herzen einst die Leidenschaft gerufen.

Mitternachts vom hohen Tage, der Johann, dem Täufer eigen
Löst vom Münster, aus den Säulen, aus den Hallen sich ein
Reigen.

Alle Bilder im gewalt'gen Dome fangen an zu schreiten;
Könige mit starren Kronen auf den bleichen Rossen reiten;

Und es hebt sich aus dem Gruftbett Erwin, der erlauchte
Meister —
Ewig jungen Blickes führt er lächelnd seines Werkes Geister —

Alle, die mit ihren Künsten froh an seinem Wunder schufen,
Schweben ernst mit Stab und Zirkel an die Säulen, um die
Stufen.

Die im Leben sich befehdet, wandeln Hand in Hand im Reigen;
Heft'ge Worte, wilde Thaten sind gelöst in reines Schweigen.

Selbst der arge Mönch, der einstmals zu Bologna am Altare
Einem jungen Kaisersohne mit hellgoldnem Ringelhaare,

Gift im heil'gen Wein gegeben — und der hoch am Turm
muß stehen,
Um zu büßen, seinem Opfer ewig muß in's Auge sehen;

Kommt wie mit erlöstem Lächeln mit dem Kaisersohn geschritten;
Und ein zartes, wundervolles Weib folgt leuchtend ihren Tritten.

Und der Uhr erhabner Meister, den sie einst* verflucht zum
Dunkeln,
Wandelt nicht mehr blind und tastend — die erweckten Augen
funkeln . . .

* Man stach nach einer Sage dem Uhrmacher die Augen aus, damit
er nach dem herrlichen Münsteruhrwerk kein gleiches mehr schüfe. . . .

Schuld und Leid, und Angst und Zweifel gehn im Paradieses-
                                                    frieden,
Zu Johanni, wenn den Toten die Versöhnungsnacht beschieden.

Immer höher schwebt der Reigen, aufwärts die gewund'nen
                                                    Treppen,
Heimlich rauschen die Gewänder, welche dämmersilbern schleppen.

Auf der Plattform, wo das Mondlicht rinnt und tropft wie
                                                    lindes Tauen,
Sind die edlen Arabesken wie demantnes Laub zu schauen.

Droben, wo die Wolken wandern, wo in's Nachtblau wächst
                                                    die Spitze,
Wo die weißen Tauben schlafen, schwebt ein Weib auf luft'gem
                                                    Sitze...

Ist das Erwin's hohe Tochter, seine herrliche Sabine,
Oder von den Himmelsfrauen Eine, mit des Friedens Miene?

Und sie segnet Strom und Städte, die da unten schlafend
                                                    liegen,
Während sie der Geisterreigen und die Tauben zart umfliegen...

———

Ach, die noch im lauten Tage und im schweren Leben stehen,
Müssen leiden und sich täuschen, tief in Kampf und Nöten
                                                    gehen.

Viele hassen, Wen'ge lieben — Wen'ge streben, Viele irren,
Weil sie aus dem Dunkel sehen, aus des Zweifels Dämmer-
                                                    wirren;

Weil sie mit den Menschenblicken so in engen Grenzen schauen,
Während den in's Licht Gehob'nen unterm Fuße liegt das
                                                    Grauen...

Und hier werden, die auf Erden Fremde oder Feinde waren,
Sich zu einem Ringe fügen, und zu still erlösten Paaren...

Wandelt in die Morgenwolken, die die arme Erde krönen!
Alles Leben ist ein Irren, — und im Tod nur liegt Versöhnen.

Auszug

aus den Besprechungen der früher erschienenen Dichtungen von

Alberta von Puttkamer.

„Berliner Monatshefte" 1885.

Alberta v. Puttkamer's „Dichtungen" stehen in Form und Idee auf einer Höhe, an die kein Vorurteil hinan reicht. Der erste Eindruck, den ich empfangen, in Worte umgesetzt, lautet: eine vornehme Natur! Die Dichterin lenkt die Form, den Rhythmus, den Reim, wie ein schlankes Roß.

Die berauschende, bestrickende Form ihrer Dichtungen, und der Geist, welcher in dieser Form lebt, und der nach dem Höchsten, wie nach dem Tiefsten strebt, lassen die Seele, die einmal ihrem Bann verfallen, nicht wieder los. In Alberta v. Puttkamer hat der Genius der Zeit voll und ganz Gestalt angenommen, und wenn, wie ich glaube, die Lyrik von heute und morgen, die Vorbotin einer neuen Epoche unserer Litteratur ist, dann gehört auch Alberta v. Puttkamer zu den großen, glänzenden Erscheinungen dieser Tage.   Heinrich Hart.

„Neue litterarische Blätter" 1894.

Alberta v. Puttkamer ist ein großes und reiches Talent, neben der „Droste" und der „Christen" wohl das bedeutendste; aber sie ist auch eine der interessantesten Erscheinungen im deutschen Dichterwald.
   Karl Busse.

„Von Haus zu Haus" 1897.

Es ist eine gewaltige, unendlich fesselnde Dichter-Individualität, die uns in der Gestalt einer Aristokratin in ihre Zauberkreise zieht: Alberta v. Puttkamer!

Eine Kraft der Gestaltung, eine Leidenschaft, ein Colorit offenbart sich hier, wie sie in solcher Mannigfaltigkeit und Fülle in keiner Frauenschöpfung unserer Tage vor uns erscheint, und selbst nur von einer ganz geringen Zahl von Poeten übertroffen werden dürfte. — Alles in ihr ist originell und individuell; — keinerlei Dichterschule hat auf dieses große Talent irgendwie zeitigend eingewirkt. Sie war und blieb Autodidakt, unberührt von jeder Zeitströmung, und das eben ist der frische, unvergängliche Reiz ihrer Schöpfungen.

So kann ich nur alle Warmherzigen mahnen, jene Dichtungen zu lesen und wieder zu lesen, ihre Schönheit auf sich wirken zu lassen, und der Stimme zu lauschen, die so berauschend zu uns zu reden versteht.

Elise Polko.

„Berliner Neueste Nachrichten" 1894.

Eine ungewöhnlich vielseitige, tiefschauende und reich empfindende Frauenseele spricht aus diesen Gedichten, gleichviel ob die Verfasserin in glänzenden Akkorden Balladen aus Sage und Geschichte rhapsodiert, oder weltweise Gedanken poetisch ausmünzt; ob sie Töne zarter Leidenschaft anschlägt, oder traumzarte Empfindungen vibrieren läßt: durchweg bleibt dem Leser der Genuß einer ausgereiften, selbstgewissen Kunst, die uns bisher nur karge, aber um so wertvollere Gaben gespendet hat.

H. Jacobi.

„Österreichische Litteratur-Zeitung."

Man fühlt sich versucht, die farbenprächtigen, tiefleidenschaftlichen Verse, in denen die großgeistige, hochbegabte Frau den Grundton ihrer Seele angeschlagen, denjenigen beizuzählen, „auf die die Zukunft lauscht", wie Leuthold sagt.

Alberta v. Puttkamer besitzt ein starkes, koloristisches Talent, das durch einen feingebildeten Geschmack, ein reiches Wissen und eine tiefe, scharf ausgeprägte Weltanschauung gefördert wird.

Wer solche Meisterstücke wie „Dorfstille", „Nordischer Frühling", „Vision", „Herbstwanderung mit Goethe", „Eine Verlorene" u. s. w. u. s. w. zu bieten vermag, ist manchem berühmtesten Manne den Lorbeer streitig zu machen berechtigt.

Maximilian Bern.

„Neue Freie Presse."

Ich habe die meisten dieser Gedichte im Manuskript gelesen, und fand in ihnen den Ausdruck einer ganz eigenartigen, zum Höchsten strebenden Individualität. Es ist glühende Leidenschaft und eine Kraft der Anschauung in diesen Gedichten, wie man sie bei dichtenden Frauen sonst niemals, selten genug bei dichtenden Männern antrifft.

Und dabei ist die Sprache rein und voll Grazie, die Handhabung von Vers und Reim tadellos. Alberta v. Puttkamer ist eine Dichterin, deren sich unsere Lyrik gerechtermaßen freuen und rühmen darf.

Dr. W. Goldbaum.

„Frankfurter Zeitung" 1895.

Wer die bedeutenden Frauennamen in der heutigen, deutschen Lyrik nennt, der wird sich wohl zu beschränken haben auf Isolde Kurz, Alberta v. Puttkamer, Marie delle Grazie und Marie Janitschek.

Die „Offenbarungen" von Alberta v. Puttkamer gehören zu den erfreulichsten Erscheinungen der zeitgenössischen Dichtkunst, und die moderne Leserwelt würde eine Unterlassungssünde begehen, wenn sie so Wertvolles unbeachtet bei Seite liegen ließe. Ernst Ziel.

„National-Zeitung" 1894.

Unter den zeitgenössischen Frauen in Deutschland, die durch die Eigenart ihrer Schöpfungen auf den Ehrentitel einer Dichterin Anspruch erworben haben, nimmt Alberta v. Puttkamer eine der ersten Stellen ein. Der starke Eindruck, den sie mit ihren früheren Veröffentlichungen gemacht, wird noch vertieft durch den im Verlag der J. G. Cotta'schen Buchhandlung in Stuttgart erschienenen neuen Band „Offenbarungen". Fesselnd durch die Eigenart der Motive, anregend durch Gedankentiefe, voll dichterischen Schwunges in Sprache und Form, üben diese Dichtungen einen großen Reiz; man empfindet bei der Lektüre den Hauch einer kraftvollen Individualität, einer ursprünglichen Natur, die sich durch Kampf und Zweifel annähernd zur Vollkommenheit durchgerungen hat.

A. G—n.

.... Wir sind der Meinung, daß es genügt, ein einziges so schönes Gedicht, wie z. B. „Aus Kindertagen" geschrieben zu haben, um als berufene Dichterin anerkannt zu werden. Wir würden nicht zu Ende kommen, wollten wir (wie bisher) weiter schreiten von Gedicht zu Gedicht, immer wieder, wie wer in einem Rosengarten wandelt, aufgehalten, — nicht durch die Dornen, sondern durch die Reize jedes glühenden Busches. Es ist auch nicht notwendig, mehr Beispiele zu geben, denn wer aus dem Bisherigen nicht erkannt hätte, daß Frau v. Puttkamer eine aus reicher Fülle schaffende Dichterin ist, dem wäre überhaupt nicht zu helfen. V. Widmann im „Berner Bund".

„Blätter für litterarische Unterhaltung."

Alberta von Puttkamer ist Original. Sie ist es in den Bildern ihrer Vorstellung, in ihrer Art, die Welt zu schauen, in ihrem Styl, in ihrer Sprache. Wo wir ihr lauschen, da schwingt die Eigenart einer hoch über die Alltagswelt ragenden Dichterin.

Sie erweist sich in allen ihren poetischen Äußerungen als eine Künstlerin, von reiner, hoher Berufung. Ihre Sprache hat einen seltenen, rauschenden Schwung, ihr Styl eine ungemein flüssige Rhythmik, und die Farben ihrer Darstellung besitzen eine Leuchtkraft, die ihre Stoffe mit magischem Lichte durchdringt. Adalbert Schroeter.

„Leipziger Tageblatt" 1884.

Die Dichtungen von Alberta v. Puttkamer sind uns ein sprechender Beweis, daß die Frau auf dem Gebiete der Lyrik wahrhaft Bedeutendes zu leisten im Stande ist, und daß eine Sappho kein Unikum in der Geschichte der Dichtkunst ist.

In diesen Poesieen spricht sich eine schönheitsglühende Seele aus, die, von den Schlacken der Unfertigkeit befreit, sich mit allen Kräften zur Sphäre der Erhabenheit aufschwingt, und oft bis in solche Höhen gelangt, daß wir dem kühnen Fluge nur staunend nachblicken können.

Das ist die Sprache einer Titanide, die an die alten Götter der Schönheit glaubt, und ihrem Altar als eine echte Priesterin naht. Unter den vorliegenden Gedichten befinden sich Perlen von unvergleichlichem Wert; kunstvoll geschliffen liegen sie in edelster Fassung vor uns da, aber wenn wir sie in die Hand nehmen, so brennen sie, wie von verborgenem Feuer.

Eine große Seele hat sie aus den Tiefen ihres Gefühlslebens genommen.

Wir sind überzeugt, der Glanz dieser Perlen wird nicht verborgen bleiben, sondern zahlreiche Blicke der Bewunderung auf sich lenken.

— H. —

„Münchener Allgemeine Zeitung."

Alberta v. Puttkamer hat sich durch ihre zwei früheren Sammlungen, die 1885 erschienenen „Dichtungen", und die 1889 erschienenen „Akkorde und Gesänge" die Anerkennung erworben, daß sie zu den echten Dichtern zählt, die nicht nur mit Talent, sondern aus innerstem Beruf die Kunst pflegen, und dabei ein wahrhaft eigentümliches und eigenartiges Empfinden, als Inhalt der schönen Form offenbaren. — Zur echten Poesie aber gehört, daß in der gebundenen Form ein ungebundener Geist sich offenbare.

Daß ein solch ungebundener Geist von in Heyse'schem Sinn „vornehmer" Bildung sich in den Gedichten Alberta v. Puttkamer's ausspricht, giebt ihnen ihre Bedeutung und den anziehenden Reiz, den, wie die früheren Sammlungen, die jüngste Gabe ihrer gereiften Kunst („Offenbarungen") in ganz besonderem Grade ausübt.

„Bibliothèque universelle et Revue Suisse."

C'est l'épanouissement d'un grand talent poétique, arrivé à la pleine maturité de la pensée, et soutenu par une forme irréprochable. Les critiques de profession n'ont formulé que les réserves, par lesquelles ils ont coutume d'affirmer l'indépendance de leur jugement et la supériorité de leurs opinions; ceux, dont les oracles font loi, n'ont eu que des éloges, et l'un des plus redoutés et des plus indisciplinés, notre ami Widmann, le spirituel et mordant feuilletoniste du „Bund", a parlé des poésies de Mme. de Puttkamer avec un réel enthousiasme.

Elle sait chanter la nature, et elle en découvre, avec l'intuition d'une âme sensible, tous les charmes idylliques. Maitresse dans l'art de les peindre d'une touche gracieuse, elle n'en fait cependant ni son but, ni sa vocation. Pour elle, les beautés ambiantes sont le cadre, dans lequel son lyrisme embrasse une pensée philosophique, un fruit de raison, la constatation d'un fait humain. Pas une de ses poésies les plus tendres, qui n'ait pour ainsi dire sa morale, qui ne place sous nos yeux une résultante épique ou lyrique.

C'est surtout dans la première partie du receuil, que se révèle le côté philosophique, et parfois historique du génie de Mme. de Puttkamer.

Chez elle rien de maniéré, pas de mièvrerie: un seul coup de son vigoureux pinceau évoque et fixe la pensée.

La traduction ne saurait rendre la langue nerveuse et concise de Mme. de Puttkamer, cette langue, semée d'une profusion de mots composés, amalgamant beaucoup moins des qualificatifs avec leurs substantifs, que des pensées avec d'autres pensées.

Des expressions comme „uferloses Meer" (mer sans bords) „freudentoter Blick" (regard où la joie est éteinte) etc. etc. ne se rendent pas en français avec la même concision. Mme. de Puttkamer les sème à pleine main, parce qu'elles appartiennent au génie particulier de la langue allemande.

En signalant cette particularité, nous ajouterons cette réflexion que, pour s'initier aux arcanes d'un allemand véritablement classique et poétique, il ne saurait y avoir de meilleur exercice que la lecture des oeuvres de Mme. de Puttkamer. Elle y a prodigué son individualité, et cette individualité: c'est la noblesse et la précision du langage, jointes à l'élévation de la pensée et à l'élan du coeur.
C. B.

www.ingramcontent.com/pod-product-compliance
Lightning Source LLC
Chambersburg PA
CBHW022128160426
43197CB00009B/1192